Conteúdo digital exclusivo!

Cadastre-se e transforme seus estudos em uma experiência única de aprendizado!

Acesse agora

Portal:
www.editoradobrasil.com.br/crescer

Código de aluno:
3023855A3866635

Lembre-se de que esse código é pessoal e intransferível. Guarde-o com cuidado, pois é a única forma de você utilizar os conteúdos do portal.

Editora do Brasil

Katia Mantovani

CRESCER
Ciências

5º ano

Dados Internacionais de Catalogação na Publicação (CIP)
(Câmara Brasileira do Livro, SP, Brasil)

Mantovani, Katia
    Crescer ciências, 5º ano / Katia Mantovani. –
1. ed. – São Paulo: Editora do Brasil, 2018. –
(Coleção crescer)

    ISBN 978-85-10-06798-0 (aluno)
    ISBN 978-85-10-06799-7 (professor)

    1. Ciências (Ensino fundamental) I. Título.
II. Série.

18-15350   CDD-372.35

Índices para catálogo sistemático:
1. Ciências: Ensino fundamental 372.35
Maria Alice Ferreira – Bibliotecária – CRB-8/7964

1ª edição / 1ª impressão, 2018
Impresso no Parque Gráfico da Editora FTD

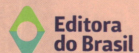

Rua Conselheiro Nébias, 887
São Paulo, SP – CEP 01203-001
Fone: +55 11 3226-0211
www.editoradobrasil.com.br

© Editora do Brasil S.A., 2018
Todos os direitos reservados

Direção-geral: Vicente Tortamano Avanso

Direção editorial: Felipe Ramos Poletti
Gerência editorial: Erika Caldin
Coordenação de arte: Cida Alves
Supervisão de revisão: Dora Helena Feres
Supervisão de iconografia: Léo Burgos
Supervisão de digital: Ethel Shuña Queiroz
Supervisão de controle de processos editoriais: Marta Dias Portero
Supervisão de direitos autorais: Marilisa Bertolone Mendes

Supervisão editorial: Angela Sillos
Coordenação pedagógica: Maria Cecília Mendes de Almeida
Consultoria técnico-pedagógica: Margareth Polido, Maria Regina de Campos e Mônica Vendramin Gallo
Edição: Luciana Keler M. Corrêa e Rafael Braga de Almeida
Assistência editorial: Ana Caroline Rodrigues de M. Santos
Coordenação de revisão: Otacilio Palareti
Copidesque: Liege Marucci
Revisão: Elaine Cristina da Silva e Maria Alice Gonçalves
Pesquisa iconográfica: Daniel Andrade, Jonathan Santos e Tamiris Marcelino
Assistência de arte: Carla Del Matto
Design gráfico: Andrea Melo
Capa: Megalo Design e Patrícia Lino
Imagem de capa: Márcia Braun Novak
Ilustrações: André Valle, Cristiano Lopez, Conexão, Douglas Ferreira, Luis Moura, Luiz Lentini, Marcos de Mello, Mauro Salgado, Paula Lobo, Paulo César Pereira, Paulo Márcio Esper, Rodrigo Alves e Vagner Coelho
Produção cartográfica: DAE (Departamento de Arte e Editoração) e Mario Yoshida
Coordenação de editoração eletrônica: Abdonildo José de Lima Santos
Editoração eletrônica: Nelson/Formato Comunicação
Licenciamentos de textos: Cinthya Utiyama, Jennifer Xavier, Paula Harue Tozaki e Renata Garbellini
Controle de processos editoriais: Bruna Alves, Carlos Nunes, Jefferson Galdino, Rafael Machado e Stephanie Paparella

Querido aluno,

Este livro foi feito pensando em você. Os conteúdos selecionados e as atividades propostas têm o objetivo de ajudá-lo a compreender diferentes fenômenos que acontecem na natureza.

Esperamos que você aceite nossos desafios e questione, reflita, procure soluções e por fim faça novas perguntas sobre os fatos científicos. E que essas vivências se juntem às suas experiências e contribuam para seu desenvolvimento escolar.

Com carinho,

A autora

Sumário

Unidade 1
Alimentação 7
Importância dos alimentos.............. 8
   Grupos de alimentos...................... 10
   Alimentos e nutrientes.................... 12
Uma alimentação saudável........... 15
   Você e... os hábitos alimentares...... 16
   E as calorias?................................ 17
   Também quero fazer – Hábitos alimentares................................... 20
   Giramundo – Alimento também é arte 24
O que estudamos 25
Retomada.................................. 26
Periscópio 28

Unidade 2
Transformação dos nutrientes em energia... 29
O que acontece com a comida no corpo? 30
Transformações dos alimentos 31
   O sistema digestório 32
   Também quero fazer – Mastigar faz parte 34
O ar é essencial como a comida .. 36
   Também quero fazer – Medindo o corpo.. 37
   Movimentos respiratórios 38
   Sistema respiratório 39
   Gás oxigênio + nutrientes = energia 40
   Giramundo – O corpo humano nas artes 41

O que estudamos 43
Retomada.................................. 44
Periscópio 46

Unidade 3
Transporte e eliminação de substâncias 47
Reações do corpo........................... 48
   Também quero fazer – Registrando reações do corpo 49
Sistema cardiovascular 51
   O sangue 51
   Também quero fazer – Como escutar as batidas do coração? ... 53
   Você e... as atividades físicas.......... 54
Eliminação pela urina...................... 55
Sistema urinário 56
   Produção da urina 56
   Transporte, armazenamento e eliminação da urina................. 57
O que estudamos 59
Retomada.................................. 60
Periscópio 62

Unidade 4
Propriedades dos materiais 63

Materiais e objetos........................ 64
   Também quero fazer – Propriedades dos materiais 67
Propriedades dos materiais 70
   Condutibilidade térmica 70
   Flutuabilidade.............................. 71
   Dureza... 75
   Condutibilidade elétrica................ 76
   Também quero fazer – Acende ou não? 77
   Também quero fazer – Estudo dos ímãs 80
   Magnetismo................................. 81
O que estudamos 85
Retomada.................................. 86
Periscópio 88

Unidade 5
Ar e água 89

O ar atmosférico............................ 90
   Importância do ar......................... 91
   Propriedades do ar....................... 92
   Também quero fazer – Propriedades do ar 93
A água na natureza 98
   Mudanças de estado físico da água..................................... 99
   Também quero fazer – Formação da chuva 102
   O ciclo da água.......................... 103
De onde vem a água que você consome?..................................... 105
   O tratamento da água 106
   O que acontece com a água suja?................................. 107

   Giramundo – Soltando a voz pela água.................................. 108
   Também quero fazer – Dissolve ou não? 109
Solvente universal 110
   Água não dissolve tudo.............. 110
O que estudamos 111
Retomada................................ 112
Periscópio 114

Unidade 6
Sol, Terra e Lua.............. 115

Dia e noite ao mesmo tempo?..... 116
O Sol ilumina a Terra 117
   Também quero fazer – A Terra e o Sol 118
Rotação da Terra.......................... 120
Órbita da Terra e da Lua 124
   Giramundo – Estações do ano 126
   Também quero fazer – Observação da Lua 128
Lua.. 130
Lunação 131
   Giramundo – O olhar dos indígenas sob o céu brasileiro 132
O que estudamos 135
Retomada................................ 136
Periscópio 138

Unidade 7
Observando parte do Universo 139

O céu à noite 140

Alguns componentes do Universo............................141
  Um pouco da história da Astronomia 142
  Também quero fazer – Observação do céu.......................145
  Instrumentos para enxergar mais longe............................147
  Você e... a observação do céu 148

Instrumentos para estudar o Universo 150
  Satélites artificiais 151

Estrelas e constelações 153
  Giramundo – As estrelas da Bandeira Nacional 155

O que estudamos 157
Retomada..................................158
Periscópio 160

Unidade 8
Cuidados com o planeta: problemas e soluções 161

Produção de resíduos..................162
  Resíduo ou lixo? 163
  Resíduos sólidos.......................... 164
  Destinos dos resíduos sólidos.... 165
  Você e... os resíduos sólidos 172
  Resíduos líquidos 178
  Resíduos gasosos 182
  A vegetação e a vida das pessoas................................183

O que estudamos 185
Retomada..................................186
  Construir um mundo melhor – Mudando hábitos........................188
Periscópio 190

Referências 191

Alimentação

Dudu e Bete sempre conversam pelo celular usando **emojis**.

Emoji: imagem que transmite a ideia de uma palavra ou frase completa.

1. Qual é o significado adequado a cada *emoji* da conversa?

Importância dos alimentos

Como no 5º ano os alunos começaram a estudar a importância da alimentação, o professor resolveu verificar como eram as refeições deles. Na primeira aula, ele perguntou o que Sandra, Otávio e Adriana tinham comido e bebido no almoço do dia anterior.

Veja o que cada um almoçou:

- Sandra comeu macarrão com molho de carne moída e tomou um copo de refrigerante.

- Otávio comeu bife, salada de vagem com cenoura, arroz e feijão e tomou um copo de suco de laranja.

- Adriana comeu salada de alface com tomate, um ovo, uma fatia de queijo e tomou um iogurte.

Aproveitando a diferença entre o almoço dos três alunos, o professor perguntou à turma qual deles tinha optado por uma refeição mais equilibrada e saudável. Ele também queria que a escolha tivesse uma explicação.

Pense e converse

- Se você fizesse parte dessa turma, que respostas daria ao professor? Qual dos três alunos fez a refeição mais saudável? Por quê?

Comente suas ideias com os colegas e o professor.

A **dieta** de uma pessoa é um dos fatores que interfere em sua saúde. Será que sua dieta é saudável? O que você precisa saber para avaliar se sua dieta é saudável ou não?

Dieta: conjunto de alimentos e bebidas consumidos.

O primeiro ponto a ser considerado é a **variedade de alimentos** que compõem suas refeições. E por que isso? Porque os alimentos foram divididos em grupos, de acordo com a principal função que exercem no corpo das pessoas. Se você tem uma dieta variada, é bastante provável que coma alimentos dos **diferentes grupos**. Assim, fornece a seu corpo o que ele precisa para se manter saudável.

Alimentos variados compõem uma dieta saudável.

1. Observe, a seguir, o nome de diferentes alimentos. Junte-se a um colega, pensem nas funções que eles podem ter no corpo e os separem em três grupos. Quando terminarem, escrevam um nome para cada grupo que vocês criaram.

| pão | leite | macarrão | laranja | queijo |
| chocolate | óleo | bife | beterraba | alface |

Grupo 1:

Grupo 2:

Grupo 3:

2. Compartilhem com a turma os nomes dos grupos que vocês criaram.

Grupos de alimentos

Com base na principal função que exercem no corpo, os alimentos podem ser divididos em três grupos: **energéticos**, **construtores** e **reguladores**.

1. Analise o nome dos grupos de alimentos e complete as frases corretamente. As imagens também irão ajudá-lo:

   a) Dos alimentos energéticos obtém-se a _____ necessária para fazer as atividades do dia a dia.

   b) Os alimentos construtores são fundamentais para o _____.

O macarrão é um alimento energético.

O leite é um alimento construtor.

   c) Os alimentos reguladores auxiliam no controle do funcionamento do organismo, contribuindo para seu fortalecimento e para o combate às _____.

Frutas e verduras são alimentos reguladores.

10

2. No quadro abaixo foram colocados exemplos de alimentos dos três grupos. A partir do que você viu na página anterior, escreva o nome de cada grupo de alimentos.

Massas, pães, batatas, óleos, margarina, manteiga e doces.	Ovos, carnes e leite e seus derivados (queijos, iogurte).	Frutas, legumes e verduras.

Reveja os grupos de alimentos que você e seu colega fizeram na atividade da página 9 e converse com a turma e o professor sobre a seguinte questão:

- Os grupos de alimentos são semelhantes aos que você acabou de conhecer? Por quê?

3. Explique por que é necessário consumir alimentos de cada grupo.

a) Energéticos: _____

_____

_____

b) Construtores: _____

_____

c) Reguladores: _____

_____

Volte à página 8. Na resposta que você daria ao professor, verifique se levou em conta que, na refeição dos alunos do 5º ano, deveria haver alimentos dos três tipos: os que fornecem energia, os que favorecem o crescimento e os que regulam o funcionamento do organismo.

Alimentos e nutrientes

Você já reparou nos rótulos de alimentos industrializados, como os enlatados? Todos eles têm de apresentar a **informação nutricional** desses alimentos.

Observe o rótulo abaixo e leia o que está em destaque.

A informação nutricional da embalagem descreve os nutrientes do alimento.

Carboidratos, **proteínas** e **gorduras** são exemplos de **nutrientes** que existem nesses alimentos industrializados. Nos alimentos ingeridos *in natura*, isto é, que não foram processados, também existem nutrientes.

Os nutrientes são as substâncias dos alimentos que o organismo consegue aproveitar. Cada um tem uma função principal e eles são classificados em grupos.

Os carboidratos ou glicídios são os nutrientes cuja principal função é fornecer **energia** ao organismo. Assim, os alimentos ricos em carboidratos são energéticos.

Exemplos de alimentos ricos em carboidratos.

Os carboidratos são encontrados principalmente em alimentos feitos com farinha (pão, macarrão, bolachas) e em alimentos de origem vegetal: frutas; cereais (arroz, milho, cevada); raízes e tubérculos (batata, mandioca, beterraba, cenoura); leguminosas (feijão, soja, ervilha, grão-de-bico, lentilha). O açúcar, ingrediente de doces, como balas, geleias e chocolates, também é um tipo de carboidrato.

Os doces são ricos em carboidratos.

12

Os óleos e as gorduras são dois tipos de lipídios. Esses nutrientes também são **energéticos**.

1. Observe a fotografia e escreva o nome de três alimentos ricos em lipídios.

Exemplos de alimentos ricos em lipídios.

_____

As proteínas são os nutrientes responsáveis pela **construção** das partes do corpo. Por isso, os alimentos ricos em proteínas são chamados alimentos construtores. Os alimentos de origem animal são ricos em proteínas, mas também há vegetais proteicos.

2. Com base na fotografia acima, escreva o nome de cinco alimentos ricos em proteínas.

Exemplos de alimentos de origem animal e vegetal ricos em proteínas.

_____

As vitaminas são nutrientes que ajudam no bom funcionamento do organismo. Elas são encontradas em alimentos reguladores. A vitamina C, por exemplo, ajuda o **sistema imune** a nos tornar resistentes ao desenvolvimento de doenças. Ela está presente em frutos cítricos – como limão e laranja –, couve crua, pimentão verde e tomate.

Alimentos ricos em vitamina C.

Alimentos ricos em ferro.

Assim como as vitaminas, os sais minerais exercem função reguladora. Eles são necessários em pequena quantidade e estão presentes em diversos tipos de alimento. O cálcio, por exemplo, é encontrado no leite. Já o potássio, na banana; e o ferro, nas verduras de folhas verdes escuras, ovos e carnes vermelhas.

Sistema imune: formado pelo conjunto de órgãos responsáveis pela defesa do corpo; também chamado de sistema imunitário.

Atividades

1. Você sabe que nutrientes ingere em maior quantidade? Anote no quadro abaixo tudo o que você comer durante um dia em todas as refeições.

Café da manhã	
Lanche	
Almoço	
Lanche	
Jantar	

2. Agora, tomando por base o texto das páginas 12 e 13, organize esses alimentos de acordo com os nutrientes que eles apresentam em maior quantidade, separando-os da seguinte forma:

   a) alimentos ricos em carboidratos;

   _____

   _____

   b) alimentos ricos em lipídios;

   _____

   _____

   c) alimentos ricos em proteínas.

   _____

   _____

   _____

Uma alimentação saudável

Estudos mais recentes relacionados à saúde alimentar resultaram em novo agrupamento dos alimentos para compor uma refeição saudável. Observe:

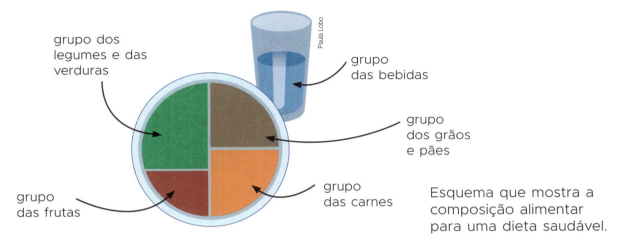

Esquema que mostra a composição alimentar para uma dieta saudável.

Fontes: Harvard T. H. Chan School of Public Health. *The Nutrition Source*. Disponível em: <www.hsph.harvard.edu/nutritionsource>; Harvard Medical School. *Harvard Health Publications*. Disponível em: <www.health.harvard.edu>. Acessos em: set. 2017.

1. Leia o nome dos grupos e escreva três exemplos de cada um.

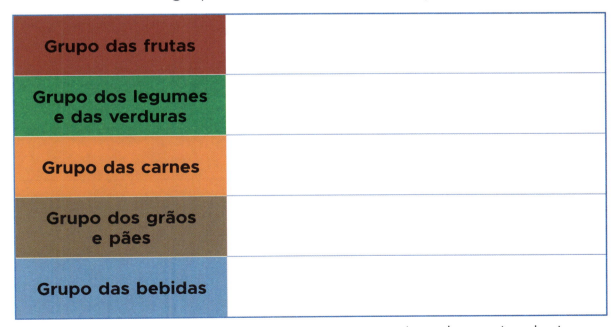

- Você reparou que os grupos ocupam partes do prato de tamanhos diferentes? Isso foi feito para que você saiba a porção que deve comer de cada um deles.
- E lembre-se: entre as refeições é importante beber água!

2. Com base no que você já estudou sobre as funções dos alimentos e dos nutrientes, relacione os grupos de alimentos às funções deles no organismo.

A grupo vermelho ◯ alimentos construtores

B grupo verde ◯ alimentos energéticos

C grupo laranja ◯ alimentos reguladores

D grupo marrom ◯ alimentos energéticos e reguladores

Para concluir o estudo da alimentação, pode-se afirmar que ela é saudável se tiver **variedade**, **equilíbrio** e **moderação**.

Uma dieta variada inclui opções de alimentos que pertencem aos quatro grupos.

Uma dieta equilibrada é aquela que contém as quantidades apropriadas de alimentos dos quatro grupos.

Comer com moderação é controlar a quantidade do que é ingerido.

Você e... OS HÁBITOS ALIMENTARES

Lembre-se do que você estudou até agora e pense nas seguintes questões:

a) Sua dieta é saudável? Por quê?

_____
_____
_____

b) Se não for, o que você pode fazer para melhorá-la?

_____
_____
_____

Comente suas respostas com os colegas e o professor.

E as calorias?

O corpo necessita de energia o tempo todo, até enquanto dormimos. Essa energia é obtida dos alimentos. A quantidade de energia fornecida por um alimento é chamada **valor calórico** ou **energético**.

Quanto maior o valor calórico do alimento, mais energia ele fornece ao corpo.

Da mesma forma que o metro é uma unidade de medida de comprimento e o grama, uma unidade de medida de massa, a **caloria** é uma unidade de medida de energia. Ela é usada para medir o conteúdo calórico dos alimentos. Por ser uma medida muito pequena, usa-se em geral a quilocaloria (kcal). O prefixo **quilo** significa "× 1000", portanto uma quilocaloria equivale a 1000 calorias.

Em geral, quando falam das calorias dos alimentos, as pessoas se referem às quilocalorias.

Fast-food e junk food

Fast-food é uma expressão em inglês que significa "comida rápida". É aquele tipo de alimento que pode ser preparado em poucos minutos. O maior problema desse tipo de comida é que, na maioria das vezes, ele tem açúcar e gordura em excesso. Aí, você já sabe, sobram calorias...

Já a *junk food* é um pouco pior. É chamada "comida lixo", já que, além de não fornecer muitos tipos de nutrientes, é composta de vários **aditivos alimentares**, como **conservantes** e **flavorizantes**. Por causa disso, costuma ter prazo de validade longo, é feita para ficar meses nas prateleiras. Na maioria dos casos, não precisa ser guardada em geladeira. Certamente, você já sabe quais são os exemplos de *junk food*: os salgadinhos de saquinho, como as batatas fritas, os biscoitos (em especial os recheados), os refrigerantes.

O cachorro-quente é um exemplo de *fast-food*.

Biscoitos recheados são exemplos de *junk food*.

Observe o conteúdo calórico de alguns alimentos e analise o tempo necessário para que a energia fornecida por eles seja gasta.

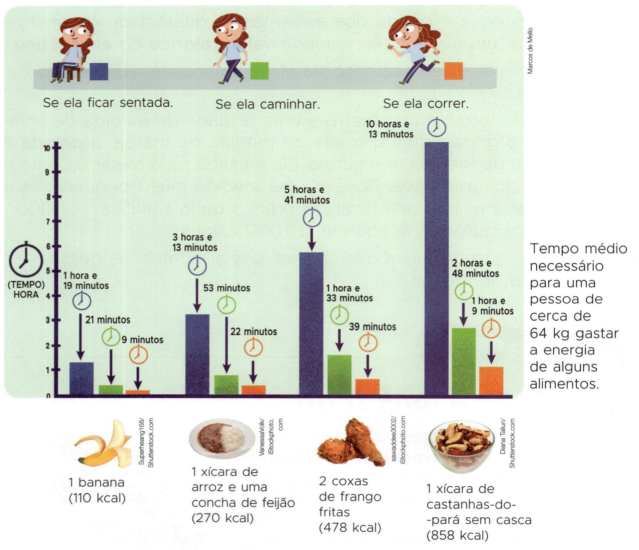

1. Com base nas informações da imagem acima, responda:

   a) Qual dos alimentos analisados fornece menos energia?
   _____

   b) Qual dos alimentos mostrados é mais energético?
   _____

   c) O que deve acontecer se uma pessoa ingerir alimentos calóricos com muita frequência e não praticar atividades físicas?
   _____
   _____

18

Calorias demais + falta de atividade física = obesidade

A obesidade é uma doença causada pelo excesso de gordura acumulada no organismo. Hoje em dia há muito mais pessoas obesas do que antigamente, também não é difícil encontrar crianças bem acima do peso.

Pela imagem, você já deve ter identificado uma das causas da obesidade em crianças: dieta altamente calórica. Se adquirido na infância, em geral esse hábito alimentar inadequado acompanha a pessoa por toda a vida.

Hábitos alimentares inadequados podem levar à obesidade.

Além de ser causada pelo excesso de calorias ingeridas por meio do consumo de doces, chocolates, refrigerantes e salgadinhos, a obesidade é uma doença que também pode ser intensificada por outros fatores. O sedentarismo – isto é, a falta de prática de atividades físicas – e o hábito de ficar muitas horas diante da TV ou do computador também podem contribuir para o ganho de peso.

Agora reflita um pouco sobre isso e responda às seguintes questões:

1. Você tem ingerido alimentos calóricos em excesso?

_____

2. Fica quantas horas por dia em frente à TV ou ao computador? E mexendo no celular?

_____

3. Faz atividades físicas regularmente? Se sim, quais?

_____

_____

Também existem casos em que a obesidade não está relacionada ao que a pessoa come. Nessas situações, só uma dieta não resolve, sendo necessário acompanhamento médico.

19

Mudança nos hábitos alimentares

Você já sabe que hábitos de vida pouco saudáveis, como o sedentarismo e a alimentação inadequada, são fatores que contribuem para a obesidade.

Converse com os colegas e o professor sobre os motivos que podem levar as crianças a adquirir esses hábitos.

 Também quero fazer

Hábitos alimentares

Existem fatores que interferem nos hábitos alimentares das pessoas? Anote suas ideias.

Material:
- anúncios de alimentos veiculados em revistas e jornais.

Modo de fazer

Junte-se a dois colegas e observem as propagandas de alimentos que vocês trouxeram. Depois respondam às questões.

a) Quais alimentos aparecem com mais frequência?

b) Esses alimentos são destinados a um público de que faixa etária? Eles são industrializados?

c) As informações nutricionais são citadas?

d) Você já sentiu vontade de consumir algum alimento só de ver a propaganda dele? Qual?

- Compartilhem as suas respostas com os demais grupos.

Conclusão

Depois da análise dos anúncios de alimentos, suas ideias se confirmaram? Explique sua resposta.

20

Atividade

1. O Ministério da Saúde lançou o *Guia da alimentação saudável*, que informa os dez passos para uma alimentação saudável. Leia alguns deles.

- Coma feijão com arroz todos os dias ou, pelo menos, cinco vezes por semana. Esse prato brasileiro é uma combinação completa de proteínas e faz bem à saúde.

- Consuma diariamente três porções de leite e derivados e uma porção de carnes, aves, peixes ou ovos. Retirar a gordura aparente das carnes e a pele das aves antes da preparação torna esses alimentos mais saudáveis.

- Consuma, no máximo, uma porção por dia de óleos vegetais, azeite, manteiga ou margarina.

- Evite refrigerantes e sucos industrializados, bolos, biscoitos doces e recheados, sobremesas e outras guloseimas como regra da alimentação.

- Diminua a quantidade de sal na comida e retire o saleiro da mesa.

- Beba pelo menos dois litros (seis a oito copos) de água por dia. Dê preferência ao consumo de água nos intervalos das refeições. [...]

- Faça pelo menos três refeições (café da manhã, almoço e jantar) e dois lanches saudáveis por dia. Não pule as refeições.

- Inclua diariamente seis porções do grupo dos cereais (arroz, milho, trigo, pães e massas), tubérculos como as batatas e raízes como a mandioca nas refeições. Dê preferência aos grãos integrais e aos alimentos em sua forma mais natural.

- Coma diariamente pelo menos três porções de legumes e verduras como parte das refeições e três porções ou mais de frutas nas sobremesas e lanches.

Ministério da Saúde. Portal Brasil. Disponível em: <www.brasil.gov.br/saude/2009/11/alimentacao>. Acesso em: 30 nov. 2017.

• Com base nas orientações da página anterior, monte um cardápio com refeições saudáveis para uma semana inteira. Quando sugerir um tipo de alimento, como fruta ou carne, por exemplo, dê preferência ao tipo que seja da cultura de onde você mora.

Segunda-feira	
Café da manhã	
Lanche da manhã	
Almoço	
Lanche da tarde	
Janta	
Lanche da noite	

Terça-feira	
Café da manhã	
Lanche da manhã	
Almoço	
Lanche da tarde	
Janta	
Lanche da noite	

Quarta-feira	
Café da manhã	
Lanche da manhã	
Almoço	
Lanche da tarde	
Janta	
Lanche da noite	

Quinta-feira	
Café da manhã	
Lanche da manhã	
Almoço	
Lanche da tarde	
Janta	
Lanche da noite	

Sexta-feira	
Café da manhã	
Lanche da manhã	
Almoço	
Lanche da tarde	
Janta	
Lanche da noite	

Sábado	
Café da manhã	
Lanche da manhã	
Almoço	
Lanche da tarde	
Janta	
Lanche da noite	

Domingo	
Café da manhã	
Lanche da manhã	
Almoço	
Lanche da tarde	
Janta	
Lanche da noite	

Giramundo

Alimento também é arte

Giuseppe Arcimboldo foi um pintor italiano que viveu no século XVI.

A natureza e seus elementos eram o objeto de estudo favorito de Rodolfo II, rei que governava o país onde Giuseppe vivia.

Acompanhando o rei, o artista aperfeiçoou seus estudos sobre a natureza e acabou criando um jeito novo de fazer suas pinturas. Ao retratar rostos, ele usava imagens da natureza, como frutas, verduras e flores.

Entre suas obras estão as da série As Quatro Estações, em que compôs rostos humanos com esses elementos.

Giuseppe Arcimboldo. *Verão*, 1572. Óleo sobre madeira, 51 cm × 67 cm.

O conhecimento que Giuseppe tinha da natureza se nota no cuidado ao escolher elementos típicos de cada estação do ano para as pinturas dessa série.

1. Em que estação do ano estamos?
   _____

2. Pesquise quais são as frutas e verduras típicas desta época do ano na região onde você mora e escreva o nome delas abaixo.
   _____
   _____

3. Reúna-se com um amigo para produzir um cartaz com frutas e verduras típicas de cada época do ano para deixá-lo na sala de aula.

O que estudamos

- Um dos fatores que interferem na saúde das pessoas é a dieta, ou seja, o que elas têm o hábito de comer.
- De acordo com a principal função que os alimentos exercem no corpo, eles são divididos em três grupos: energéticos, construtores e reguladores.
- Para que uma refeição seja considerada saudável, ela deve ser composta de alimentos que fornecem energia, que participam da construção do corpo e que regulam seu funcionamento.
- A parte dos alimentos aproveitada pelo corpo são os nutrientes: carboidratos ou glicídios, lipídios, proteínas, vitaminas e sais minerais.
- Os carboidratos e os lipídios têm como principal função fornecer energia ao organismo.
- As proteínas são os nutrientes construtores.
- As vitaminas e os sais minerais são nutrientes que regulam o funcionamento do corpo.
- A alimentação saudável também deve ter equilíbrio e moderação.
- A quantidade de energia fornecida por um alimento é chamada de valor calórico.
- A obesidade é uma doença causada pelo excesso de gordura acumulada no organismo. Esse quadro pode ter diferentes causas: o excesso de ingestão de alimentos calóricos e o sedentarismo são as mais comuns.

Alimentação balanceada e momentos de lazer são hábitos de vida saudáveis.

Retomada

1. Observe a seguir três opções de refeição:

Refeição A

Refeição B

Refeição C

a) Quais são os nutrientes mais abundantes na refeição A?
_____
_____

b) Que nutrientes constam na refeição B?
_____
_____

c) E na refeição C?
_____
_____

d) Qual dessas opções representa um almoço saudável? Por quê?
_____
_____
_____

e) Qual delas é a menos saudável? Por quê?
_____
_____
_____

2. Observe as duas imagens a seguir e explique a mensagem que você entendeu.

_____

_____

_____

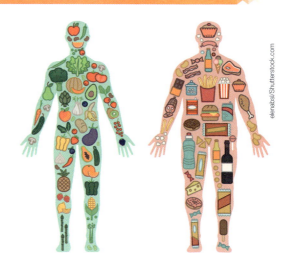

3. O gráfico a seguir mostra a porcentagem de crianças com obesidade no Brasil, em diferentes períodos:

Obesidade infantil no Brasil (1974-1975 e 2008-2009)

Fonte: IBGE. *POF 2008-2009*. Períodos 1974-1975, 1989, 2002-2003 e 2008-2009. Disponível em: <www.abeso.org.br/uploads/downloads/25/552fe98518b8a.pdf>. Acesso em: set. 2017.

a) Com base nos dados desse gráfico, você pode concluir que a frequência de obesos entre meninos e meninas aumentou ou diminuiu com o tempo? _____

b) Como você justificaria essa ocorrência de obesos entre meninos e meninas de 5 a 9 anos representada no gráfico?

_____

c) Que sugestão você tem para ajudar a solucionar o problema?

_____

Periscópio

📖 Para ler

Abecedário de aromas – Cozinhando com tempero e poesia, de César Obeid. São Paulo: Editora do Brasil, 2017.

A proposta desse livro é oferecer alternativas às comidas industrializadas, apresentando temperos, chás e especiarias que acrescentam muito mais sabor e saúde ao nosso prato. A obra trata de temas como saúde e alimentação equilibrada de forma moderna, descontraída e alegre. Adultos e crianças poderão aprender juntos, por meio de poesias divertidas e ilustrações coloridas, maneiras de incrementar a alimentação do dia a dia.

Amanda no país das vitaminas, de Leonardo Mendes Cardoso. São Paulo: Editora do Brasil, 2016.

Amanda era fraquinha e não gostava de comer frutas e legumes. Adorava guloseimas empacotadas, com corante e gordura, daquelas que se compram no mercado. Sua saúde era ruim. A menina não tinha forças para pular e correr.

▶ Para assistir

Muito além do peso, direção de Estela Renner, 2012.

Documentário que discute a qualidade da alimentação infantil no mundo inteiro, com enfoque nas crianças brasileiras e em como os anúncios podem influenciá-las na escolha dos alimentos.

Tá chovendo hambúrguer, direção de Phil Lord e Christopher Miller, 2009.

A animação mostra uma máquina que cria comida de acordo com aquilo que as pessoas desejam. Todavia, isso acaba prejudicando os hábitos alimentares das pessoas.

UNIDADE 2
Transformação dos nutrientes em energia

O triatlo é uma modalidade esportiva que envolve natação, ciclismo e corrida. Como é uma competição de longa duração, no percurso há pessoas que dão suporte aos atletas.

Além de água, o que é oferecido aos atletas para que eles tenham condições de completar a prova?

O que acontece com a comida no corpo?

Um grupo de alunos do 5º ano estava participando de uma Olimpíada de Ciências.

Os alunos estavam se saindo muito bem e chegaram à final da última série de perguntas.

Veja a seguir algumas questões apresentadas nessa fase aos grupos classificados.

Alunos participam de atividade escolar em grupo.

- Para onde vai o alimento depois que ele é engolido?
- O que acontece com ele?
- Tudo o que comemos é aproveitado pelo corpo? Justifique.

Pense e converse

- Se você estivesse participando desse torneio, que respostas apresentaria a seu grupo?
- Depois de engolido, para onde pensa que vai o alimento e as partes aproveitadas e não aproveitadas dele?

Registre suas ideias e depois conte-as aos colegas e ao professor. Em seguida, registre as conclusões a que chegaram.

_____
_____
_____

Transformações dos alimentos

Você já aprendeu que os alimentos têm diferentes funções no organismo. Sabe também que é preciso manter uma alimentação variada e equilibrada para ter saúde. Mas como o alimento ingerido pode exercer todas as funções no corpo das pessoas?

Inicialmente, pense em um quebra-cabeça montado.

Quebra-cabeça.

Se quiser guardar as peças, o dono do brinquedo deve desmontar o quebra-cabeça, não é? Assim, ele cabe facilmente na caixa e pode ser usado outras vezes.

Agora, pense no alimento. Para aproveitar os nutrientes, a comida deve passar por diversas transformações. Depois de **ingerido** o alimento, o primeiro passo desse processo é a **mastigação**, por meio da qual ele é reduzido a pedaços bem pequenos.

A mastigação é importante para conseguirmos engolir os alimentos sólidos.

1. Que relação você percebe entre a mastigação e a necessidade de desmontar o quebra-cabeça para poder guardá-lo?

_____

_____

31

O sistema digestório

Da mesma forma que um quebra-cabeça precisa ser desmontado para que as peças caibam de volta na caixa, para que os alimentos sejam absorvidos e aproveitados pelo organismo, eles devem, primeiro, ser "desmontados" em pequenos pedaços.

Esse processo, que começa na boca, chama-se mastigação. Ela reduz o tamanho do alimento e ainda estimula a liberação da **saliva**. Quando ele estiver com tamanho reduzido e bem umedecido pela saliva, pode ser engolido.

Ao ser engolido, o alimento ainda atravessará outros órgãos, como **estômago**, **intestino delgado** e **intestino grosso**. Neles, passará por novas transformações, dando continuidade à digestão. Assim o alimento será transformado em substâncias adequadas para serem **absorvidas** e distribuídas por todo o organismo.

Finalizado o processo, os restos serão expelidos para o meio externo pelo **ânus** na forma de fezes.

Em outras palavras, o sistema digestório reduz os alimentos a **nutrientes**, isto é, em partículas que possam ser absorvidas. Ele também é responsável pela **eliminação**, na forma de **fezes**, de resíduos não absorvidos pelo organismo.

Esse processo pode ser representado da seguinte forma:

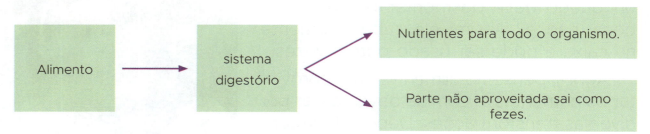

Esquema simplificado do processo de digestão.

A boca, o estômago e o intestino delgado não são os únicos órgãos que formam o sistema digestório. Além deles, existem outros, cada um com uma função importante no processo de digestão.

O esquema da página ao lado indica a posição dos órgãos do sistema digestório. Na realidade, os órgãos não têm essas cores; eles foram coloridos assim apenas para facilitar a visualização. Leia o nome de cada um, mas não é necessário memorizá-los.

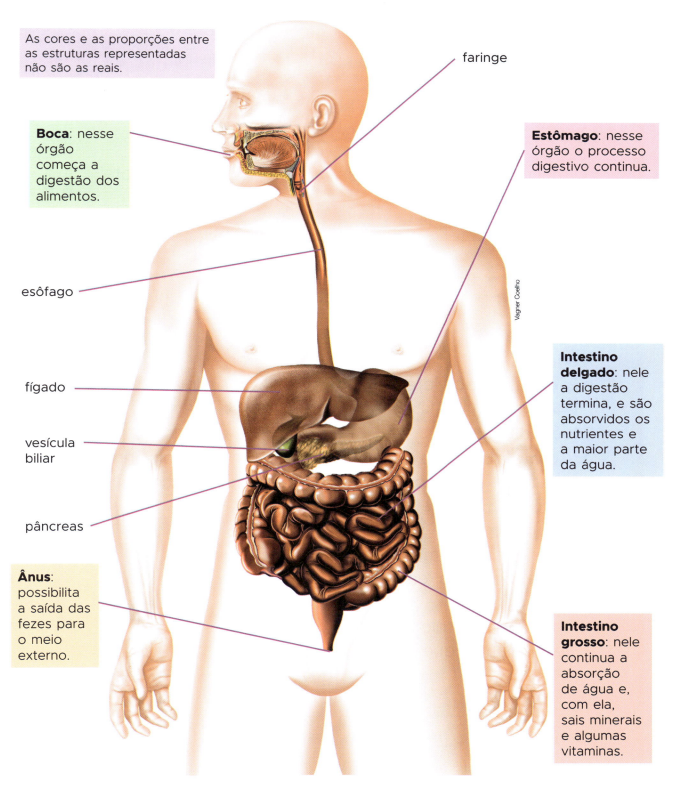

Representação esquemática dos órgãos do sistema digestório do ser humano.

Fonte: Gerard J. Tortora. *Corpo humano: fundamentos de anatomia e fisiologia.* Porto Alegre: Editora Artmed, 2010.

Volte à página 30 e repense o que você concluiu sobre o destino do alimento no organismo. Se necessário, corrija e complemente suas ideias.

Também quero fazer

Mastigar faz parte

A mastigação dos alimentos facilita a digestão? Anote suas ideias.

_____

_____

Junte-se a um colega para realizar o experimento.

Material:
- água;
- 2 comprimidos efervescentes de vitamina C;
- colher;
- 2 copos plásticos transparentes.

Modo de fazer

1. Com o auxílio da colher, esmague um dos comprimidos até triturá-lo. O outro comprimido deve ser mantido inteiro.
2. Coloquem cada comprimido em um copo.
3. Adicionem a mesma quantidade de água em ambos os copos.
4. Observem o que acontece.
- Descrevam o que vocês observaram.

_____

Conclusão

Compare o que você observou nessa atividade com o processo de digestão. Suas ideias se confirmaram? Explique.

_____

_____

Atividades

1. Esta imagem representa o sistema digestório humano e indica algumas etapas pelas quais o alimento passa em nosso corpo.

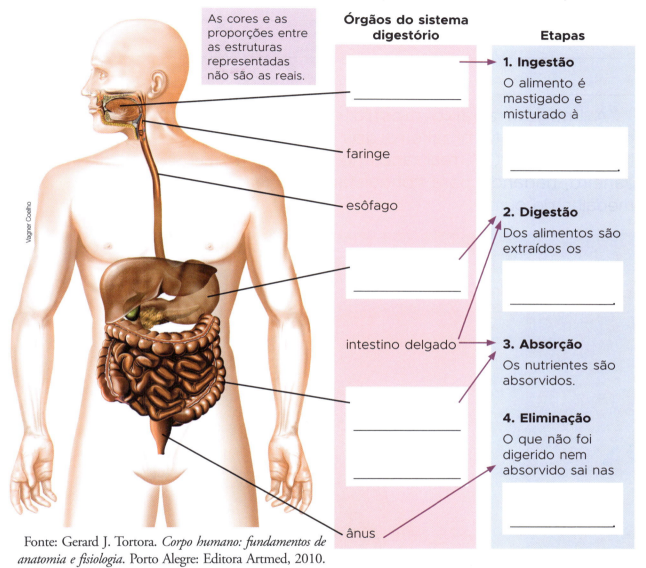

Fonte: Gerard J. Tortora. *Corpo humano: fundamentos de anatomia e fisiologia*. Porto Alegre: Editora Artmed, 2010.

a) Analise o esquema e escreva as palavras que faltam nas legendas.

b) As etapas indicadas no esquema estão relacionadas entre si, ou seja, o que acontece em uma etapa pode interferir nas demais? Explique sua resposta.

_____
_____
_____

35

O ar é essencial como a comida

Leia o título desta página. Explique o que ele quer informar.

_____
_____
_____

A imagem abaixo mostra o mais premiado atleta brasileiro dos Jogos **Paralímpicos** 2016, realizados no Rio de Janeiro, nadando para conquistar outra medalha de ouro.

> **Paralímpico:** competição entre atletas com deficiência, física ou mental, semelhante às olimpíadas.

Daniel Dias na prova de 50 metros nado de costas.

Pense e converse

Na fotografia, Daniel Dias está com a boca fechada. Com base nessa observação, pense na questão a seguir.
- Ele pode manter a boca fechada e usar um protetor de narinas para a água não entrar no nariz? Por quê? Comente suas ideias com os colegas e o professor.

Também quero fazer

Medindo o corpo

É possível perceber modificações no corpo quando você respira? Anote suas ideias.

_____

_____

Material:
- fita métrica.

Modo de fazer

1. Com o auxílio da fita métrica, meça a circunferência do tórax de seu colega após ele encher o peito o máximo que puder e após esvaziá-lo o máximo que conseguir.
2. Depois, deixe que ele faça a mesma medição de você.
3. Anote os dados no quadro abaixo.

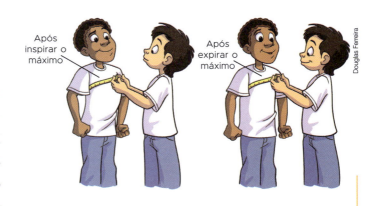

Após inspirar o máximo

Após expirar o máximo

	Nome do aluno A:	Nome do aluno B:
Circunferência com o peito cheio		
Circunferência depois de esvaziar o peito		

Conclusão
- Suas ideias se confirmaram? Explique.

_____

_____

37

Movimentos respiratórios

Antes de estudar a importância da respiração, é importante falar dos **movimentos respiratórios** que acontecem no corpo das pessoas todo o tempo.

Na atividade anterior, você e seu colega mediram o diâmetro do tórax na fase máxima desses dois movimentos.

Entrada e saída de ar

As imagens a seguir representam os movimentos respiratórios. Observe-as atentamente e faça as atividades propostas.

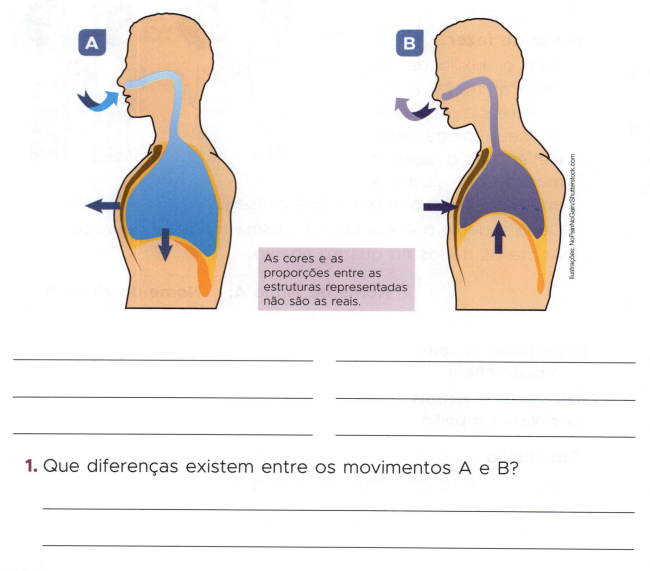

As cores e as proporções entre as estruturas representadas não são as reais.

Ilustrações: NoPainNoGain/Shutterstock.com

_____   _____

_____   _____

_____   _____

1. Que diferenças existem entre os movimentos A e B?

_____

_____

2. Escreva uma legenda embaixo de cada imagem.

Sistema respiratório

A principal função do sistema respiratório é conduzir o ar para dentro (**inspiração**) e para fora (**expiração**) do corpo.

O ar entra pelas **cavidades nasais** ou pela boca e segue pelo tubo formado pelos demais órgãos até chegar aos **pulmões**. Para sair, o ar faz o caminho inverso, sendo lançado ao meio externo pelas cavidades nasais ou pela boca.

A imagem a seguir representa a posição dos órgãos do sistema respiratório. Na realidade, os órgãos não têm essas cores. Eles foram coloridos assim apenas para facilitar a visualização. Leia o nome dos órgãos, mas não é necessário memorizá-los.

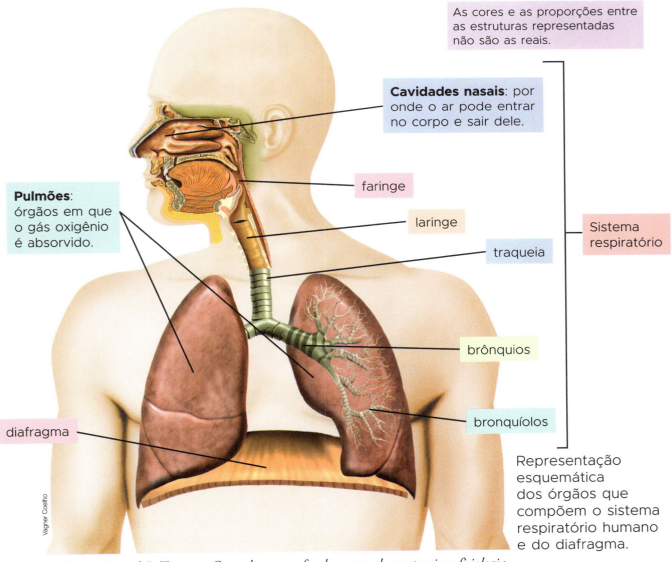

As cores e as proporções entre as estruturas representadas não são as reais.

Cavidades nasais: por onde o ar pode entrar no corpo e sair dele.

faringe

laringe

traqueia

brônquios

bronquíolos

Pulmões: órgãos em que o gás oxigênio é absorvido.

diafragma

Sistema respiratório

Representação esquemática dos órgãos que compõem o sistema respiratório humano e do diafragma.

Fonte: Gerard J. Tortora. *Corpo humano: fundamentos de anatomia e fisiologia*. Porto Alegre: Editora Artmed, 2010.

Gás oxigênio + nutrientes = energia

Além dos **nutrientes** obtidos com a alimentação, o corpo precisa de ar para se manter vivo. Na realidade, apenas um dos gases presentes no ar é usado na respiração: o **gás oxigênio**.

Quando você inspira, o ar enche os pulmões e deixa ali o gás oxigênio. Esse gás, em conjunto com os nutrientes que foram absorvidos pelo organismo, passará por transformações no interior das células do corpo. Como resultado, há liberação de **energia** e produção de **gás carbônico** e **água**. Observe:

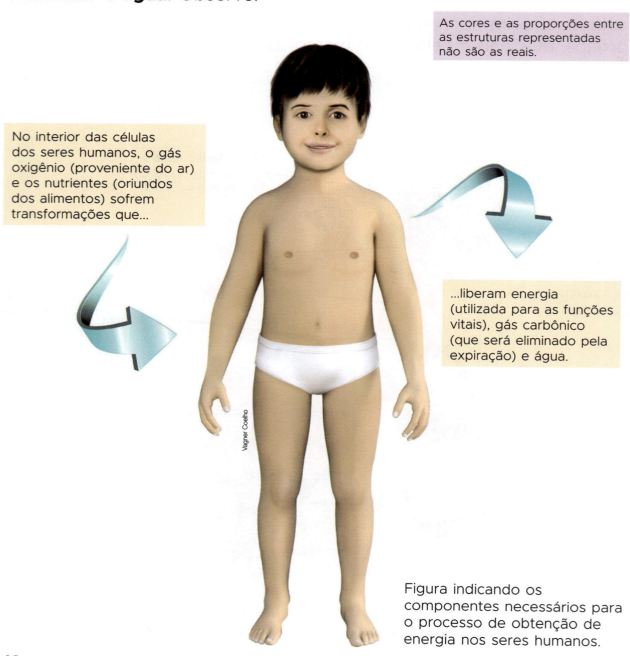

As cores e as proporções entre as estruturas representadas não são as reais.

No interior das células dos seres humanos, o gás oxigênio (proveniente do ar) e os nutrientes (oriundos dos alimentos) sofrem transformações que...

...liberam energia (utilizada para as funções vitais), gás carbônico (que será eliminado pela expiração) e água.

Figura indicando os componentes necessários para o processo de obtenção de energia nos seres humanos.

O corpo humano nas artes

Além de um artista brilhante, o italiano Leonardo da Vinci (1452-1519) também foi um cientista e inventor muito dedicado.

Foi ele quem fez a pintura mais vista e famosa do mundo – *Mona Lisa* –, além de vislumbrar o voo humano por meio de um planador, um paraquedas e um helicóptero. Projetou o tanque militar, a bicicleta, o automóvel, o submarino e o aparelho para respirar embaixo da água. Também estudou anatomia, dissecando cadáveres para entender e documentar em detalhes o corpo humano. Ele escreveu sobre Geometria, Matemática, Física, Filosofia e História Natural. E tudo isso foi feito entre o final dos anos 1400 e início dos anos 1500.

Vários de seus trabalhos ficaram desconhecidos durante bastante tempo após sua morte. Muito do que se sabe de suas ideias vem de seus códices, peças semelhantes a livros em que ele registrava suas anotações. Acredita-se que ele tenha escrito mais de 20 mil páginas, mas só 6 mil são conhecidas.

Leonardo da Vinci. *Mona Lisa*, 1503. Óleo sobre tela, 77 cm × 53 cm.

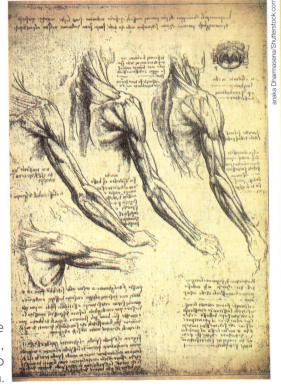

Desenho de Leonardo da Vinci, 1492. Representação da anatomia humana.

Atividades

1. Nas células do corpo, esse gás, em conjunto com os nutrientes que foram absorvidos pelo organismo, passará por transformações, cujo resultado é a liberação de energia e a produção de gás carbônico. Que gás é esse?

   _____

2. João e Samuel resolveram apostar uma corrida na volta da escola. Quando chegaram em casa, ambos estavam ofegantes. João, que é o mais novo, perguntou ao irmão:

   — Samuca, por que quando a gente corre eu fico respirando desse jeito?

   • O que você responderia para João?

   _____
   _____
   _____
   _____
   _____

3. Pedro e Andressa estavam fazendo uma atividade de Ciências. Andressa mediu o diâmetro do tórax de Pedro depois de ele expirar ao máximo. Depois de ele inspirar, ela fez o mesmo. Responda:

   a) Que medida será maior?

   _____
   _____

   b) Por quê?

   _____
   _____

O que estudamos

- Para que o alimento possa ser aproveitado no corpo das pessoas, ele precisa ser digerido.
- Depois da ingestão, ele é mastigado na boca e umedecido pela saliva. Quando engolido, passa pelos demais órgãos do sistema digestório.
- A digestão quebra os alimentos até chegar aos nutrientes, ou seja, partículas que podem ser absorvidas.
- Os resíduos que não foram absorvidos pelo organismo são eliminados na forma de fezes.
- O corpo também precisa de ar para manter-se vivo. Assim, os movimentos respiratórios – inspiração e expiração – ocorrem o tempo todo. O sistema respiratório é responsável pela entrada de ar no organismo.
- Quando o ar chega aos pulmões, deixa o gás oxigênio, que, em conjunto com os nutrientes que foram absorvidos pelo organismo, passará por transformações no interior das células do corpo. Como resultado, há liberação de energia e produção de gás carbônico.
- O gás carbônico é lançado para o exterior na expiração.

As cores e as proporções entre as estruturas representadas não são as reais.

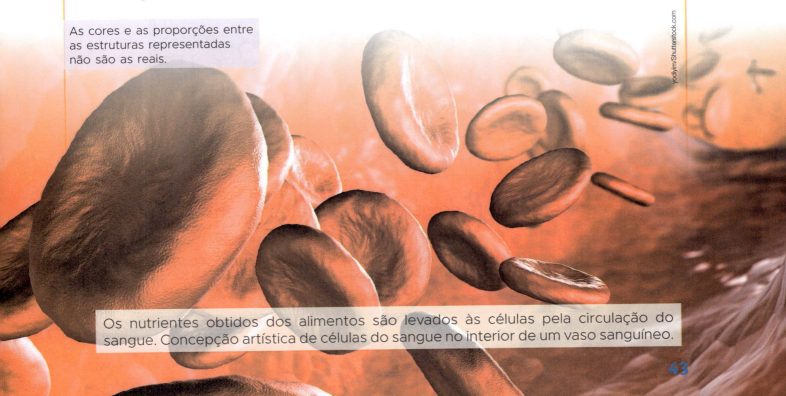

Os nutrientes obtidos dos alimentos são levados às células pela circulação do sangue. Concepção artística de células do sangue no interior de um vaso sanguíneo.

1. Circule o esquema que representa o caminho do alimento por órgãos do sistema digestório e dos nutrientes distribuídos pelo corpo.

2. Veja como foi o intervalo da turma do 5º ano depois da aula de Ciências:

a) O menino que está comendo o lanche está certo? Justifique sua resposta.

_____

_____

_____

b) Você concorda com a resposta da menina? Por quê?

_____

_____

_____

_____

c) Por que precisamos de ar para viver?

_____

_____

3. No diagrama abaixo, encontre cinco palavras relacionadas ao sistema digestório e circule-as de vermelho, e cinco palavras relacionadas ao sistema respiratório e circule-as de verde.

F	D	I	G	E	S	T	Ã	O	P	D	E	N	M	O	S	E	T	F	D
S	B	M	A	S	E	F	T	H	U	I	N	S	P	I	R	A	Ç	Ã	O
A	T	E	Â	A	O	N	D	D	L	L	O	J	G	F	D	A	F	L	B
L	G	M	N	E	D	A	W	E	M	F	O	X	I	G	Ê	N	I	O	F
I	S	F	U	D	S	R	M	S	Õ	Q	F	H	M	J	T	F	S	A	E
V	A	E	S	D	U	I	U	Q	E	M	A	S	T	I	G	A	Ç	Ã	O
A	A	Q	A	G	M	Z	H	D	S	F	L	J	F	D	B	E	A	W	S
B	T	E	S	T	Ô	M	A	G	O	V	E	X	P	I	R	A	Ç	Ã	O

• Agora escreva duas frases: uma com as palavras relacionadas ao sistema digestório e outra com as relacionadas ao sistema respiratório.

_____

_____

_____

_____

Periscópio

📖 Para ler

Atlas ilustrado do corpo humano, de Esem Cerqueira. Jandira: Ciranda Cultural, 2009.
Esse atlas, em 3D, apresenta os sistemas digestório e respiratório, entre outros.

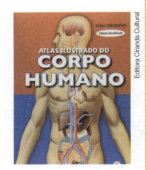

Em busca da meleca perdida, de Fátima Mesquita. São Paulo: Panda Books, 2011.
O livro aborda assuntos relacionados ao sistema respiratório, como o ato de inspirar e expirar, o caminho do ar pelo corpo, a função da epiglote, o motivo de produzirmos muco, as doenças respiratórias, entre outros. Além disso, são apresentadas boas práticas de higiene e de comportamento.

Como funciona o incrível corpo humano, de Richard Walker. São Paulo: Companhia das Letrinhas, 2008.
Essa obra mostra vários processos do corpo humano, como alimentação, digestão e respiração, entre outros.

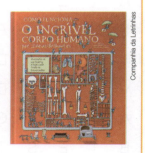

▶ Para assistir

A incrível máquina humana, 2007.
Vídeo da National Geographic no qual, por meio de animações 3D, o corpo humano é percorrido e são mostradas as reações, defesas e outros mecanismos de nosso organismo.

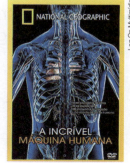

UNIDADE 3
Transporte e eliminação de substâncias

Observe as situações em que as pessoas estão em cada fotografia:

_____
_____

_____
_____

1. Crie uma legenda para cada imagem que identifique as partes do corpo diretamente relacionadas às situações representadas.

Reações do corpo

Brincar com outras crianças é muito divertido – ainda mais quando a brincadeira envolve movimento, como as retratadas abaixo.

Crianças jogam vôlei.

Crianças brincam de pular corda. Aldeia Tenonde-Porã, São Paulo, São Paulo, 2014.

Crianças brincam de pega-pega.

Pense e converse

- Como você acha que essas crianças ficaram quando a brincadeira acabou?
- Por que será que isso acontece?

Comente suas ideias com os colegas e o professor.

Também quero fazer

Registrando reações do corpo

O que acontece com seu corpo durante o esforço físico? Anote suas ideias.

_____

_____

Você respira o tempo todo e já sabe que faz isso porque precisa de energia. Quando está realizando algum esforço físico, sua **frequência respiratória** aumenta e você fica ofegante. Além disso, o que mais acontece em seu corpo?

Em dupla, faça o experimento a seguir e registre suas observações.

> **Frequência respiratória:** número de movimentos respiratórios (inspiração e expiração) por minuto.

Material:
- um relógio digital;
- papel e lápis para as anotações.

Modo de fazer

1. Inicialmente, vocês precisam aprender como se percebe a pulsação. Decidam qual dos dois fará as medições e as marcações primeiro. Caso seja você, coloque a ponta dos dedos indicador e médio no punho do colega delicadamente, como mostra a imagem. Então, tente sentir a pulsação dele e conte os toques por 30 segundos. Anote o resultado.

2. Na sequência, ele deve correr sem sair do lugar durante 1 minuto.

3. Novamente, sinta a pulsação dele e conte os toques por 30 segundos. Anote o resultado.

Aferição dos batimentos cardíacos pelo pulso.

4. Esperem 5 minutos e conte novamente, por 30 segundos, a pulsação dele. Anote o resultado.

5. Multiplique o resultado das três medições por 2. Esse cálculo é necessário para saber a frequência cardíaca (FC), isto é, o número de batimentos do coração dele em 1 minuto. Anote o resultado.

6. Agora invertam as posições: seu colega medirá sua pulsação nas três situações e anotará os resultados.
   - O valor da sua frequência cardíaca **antes** do esforço físico foi de: _____ batimentos por minuto (bpm).
   - O valor de sua frequência cardíaca **logo após** esforço físico foi de: _____ batimentos por minuto (bpm).
   - O valor de sua frequência cardíaca **após 5 minutos** do esforço físico foi de: _____ batimentos por minuto (bpm).

Conclusão

1. Os valores da frequência cardíaca obtidos foram diferentes? Por quê?

   _____
   _____

2. A respiração também não permaneceu igual nos momentos de medição dos batimentos de cada um. Como você explica essa diferença?

   _____
   _____

3. A resposta que você deu à pergunta do início desta seção se confirmou? Explique.

   _____
   _____

🌿 Sistema cardiovascular

Quando uma pessoa faz alguma atividade que exige certo esforço físico, sente que o coração fica mais "acelerado", isto é, a frequência cardíaca aumenta. Mas por que isso acontece?

O sangue

Na unidade anterior, você estudou que os nutrientes e o gás oxigênio têm de ser distribuídos por todo o corpo. Eles são utilizados para a obtenção da energia que possibilita a realização de todas as atividades que ocorrem nas células, esteja a pessoa acordada ou dormindo.

O responsável por distribuir nutrientes e oxigênio pelo corpo é o **sangue**, que faz parte do **sistema cardiovascular**. O **coração** e os **vasos sanguíneos** (artérias e veias) também fazem parte desse sistema. Observe a figura ao lado.

A circulação do sangue ocorre sem interrupção. Durante a circulação pelo corpo, o sangue:

- leva, para todas as células, tanto os nutrientes provenientes da digestão dos alimentos, que ocorreu no sistema digestório, quanto o gás oxigênio obtido pelos pulmões, que são órgãos do sistema respiratório;
- traz para os pulmões o gás carbônico que foi produzido pelas células do corpo.

As cores e as proporções entre as estruturas representadas não são as reais.

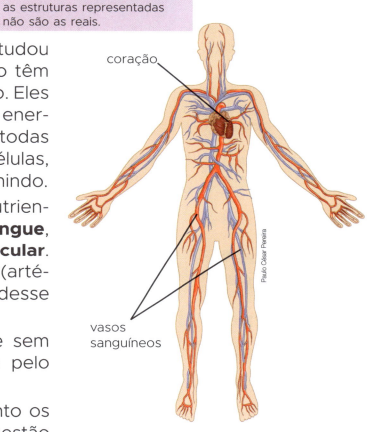

Representação esquemática do sistema cardiovascular humano.

Fonte: Gerard J. Tortora. *Corpo humano: fundamentos de anatomia e fisiologia*. Porto Alegre: Editora Artmed, 2010.

A função do coração é fundamental nesse processo, já que ele funciona como uma bomba que impulsiona o sangue no interior dos vasos.

O coração de uma pessoa em repouso bate cerca de 70 vezes por minuto.

Ao fazer atividades físicas, a necessidade de energia aumenta, por isso o coração bate mais aceleradamente.

O esquema abaixo representa, de forma simplificada, as câmaras do coração e a circulação sanguínea. As setas amarelas indicam o sentido da circulação do sangue.

1. O sangue vindo do pulmões entra no átrio esquerdo e passa para o ventrículo esquerdo.

2. O sangue, então, é impulsionado pela contração do ventrículo esquerdo para que circule em todo o corpo.

3. Ao retornar ao coração, o sangue entra no átrio direito, passa para o ventrículo direito e é bombeado para os pulmões pela contração desse ventrículo.

Fonte: Gerard J. Tortora. *Corpo humano: fundamentos de anatomia e fisiologia*. Porto Alegre: Editora Artmed, 2010.

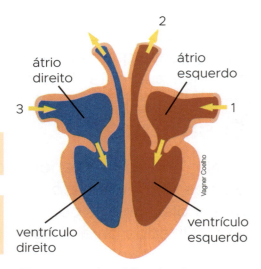

Esquema simplificado do sentido da circulação sanguínea no interior do coração.

As cores e as proporções entre as estruturas representadas não são as reais.

Prevenção de doenças e promoção da saúde na terceira idade

[...]
De forma geral, não há grandes segredos em relação ao que deve ser de fato feito para prevenir doenças:

- ter hábitos alimentares saudáveis,
- praticar atividades físicas regularmente [desde que sejam liberadas],
- fazer acompanhamento médico periódico para o diagnóstico precoce e o tratamento adequado dos eventuais agravos à saúde,
- ter descanso e lazer apropriados,
- [...] manter a mente estimulada, ativa e produtiva. [...]

Pessoas exercitam-se em uma praça. Salvador, Bahia, 2016.

Leonam Martins. Prevenção de doenças e promoção da saúde na terceira idade. *SBGG*. Disponível em: <http://sbgg.org.br/prevencao-de-doencas-e-promocao-da-saude-na-terceira-idade>. Acesso em: jul. 2017.

Também quero fazer

Como escutar as batidas do coração?

É bastante comum os médicos terem à mão um estetoscópio. Esse aparelho possibilita escutar ruídos internos do organismo, como os emitidos pelo coração ou pelos pulmões, por exemplo. Ao fazer isso, o médico pode avaliar como está o funcionamento desses órgãos.

Nesta atividade, você construirá um estetoscópio com material reciclável.

Material:
- duas bocas de garrafas PET;
- fita adesiva.

Modo de fazer

1. Em casa, peça a um adulto que corte a boca de duas garrafas PET grandes e traga essas peças para a sala de aula.
2. Una as bocas com a fita adesiva, conforme mostra a imagem ao lado.
3. Pronto! Você já tem o próprio estetoscópio. Agora faça seus testes!

Conclusão

1. Que ruídos você conseguiu escutar com seu estetoscópio?

___
___
___
___
___

Converse com os colegas e o professor sobre as seguintes questões:

1. Você pratica alguma atividade física regularmente? Se sim, qual é? Com que frequência?

2. Pense nas diversas modalidades de esporte. De qual delas você mais gosta? Por quê? A imagem ao lado pode ajudá-lo a se lembrar de vários esportes.

Atividades

1. Leia as sentenças a seguir e faça um **X** apenas naquelas relacionadas ao sistema cardiovascular.

   ☐ Bombeamento do sangue para todas as partes do corpo.

   ☐ Transporte de nutrientes.

   ☐ Formado por coração, vasos sanguíneos e sangue.

   ☐ Responsável pela digestão dos alimentos.

2. O esquema abaixo destaca eventos que ocorrem durante a circulação sanguínea. Complete-o escrevendo os elementos envolvidos em cada uma das etapas.

O _____ entra no organismo pela boca.	O _____ entra no organismo pelo nariz e pela boca.
O _____ distribui _____ para todo o corpo.	O _____ retira _____ das células e leva aos pulmões para ser eliminado pela expiração.

54

🌿 Eliminação pela urina

Pense na vontade que as pessoas geralmente têm ao acordar...

...e que também pode acontecer durante a aula!

💬 Pense e converse

- Você já reparou que costuma sentir vontade de urinar logo que acorda? Por que acha que isso acontece?
- Por que as meninas das imagens acima ficaram tão incomodadas depois do intervalo?

Registre suas ideias e, depois, conte-as aos colegas e ao professor. Em seguida, registre as conclusões a que chegaram.

_____

_____

_____

55

Sistema urinário

Você já sabe que os processos que retiram a energia dos alimentos produzem gás carbônico. Esse gás é lançado no meio externo pelo sistema respiratório. Além de gás carbônico, as células do corpo produzem outras substâncias que resultam de seu **metabolismo**. Essas substâncias podem ser tóxicas se ficarem acumuladas no organismo.

Beber água é importante para a saúde das pessoas.

- O que acontece com essas substâncias que podem ser tóxicas se ficarem acumuladas no organismo? E com a água que bebemos?

> **Metabolismo:** transformações químicas e biológicas essenciais ao funcionamento de um organismo.

Produção da urina

No trajeto que faz pelo corpo, o sangue também transporta algumas substâncias que precisam ser eliminadas, pois elas podem causar danos à saúde. Entre essas substâncias estão as que são tóxicas e as que não foram utilizadas pelo organismo. Além delas, o sangue transporta água.

Os órgãos responsáveis pela separação das substâncias que devem sair do corpo são os **rins**. Esse processo é chamado de filtração do sangue, e o produto formado é a **urina**, constituída pelo excesso de água e pelas substâncias que devem sair do corpo. Observe o esquema a seguir.

Esquema simplificado da produção de urina nos seres humanos.

Transporte, armazenamento e eliminação da urina

Os rins são órgãos do sistema urinário. Os **ureteres**, a **bexiga** e a **uretra** também fazem parte dele.

Cada um desses órgãos tem uma função:
- os rins filtram o sangue retirando algumas substâncias e o excesso de água;
- os ureteres ligam os rins à bexiga e levam a urina produzida até ela;
- a bexiga é uma espécie de bolsa que armazena a urina até sua liberação;
- a uretra é o canal que possibilita a saída da urina para o meio externo.

1. Observe os esquemas a seguir e faça o que se pede.

As cores e as proporções entre as estruturas representadas não são as reais.

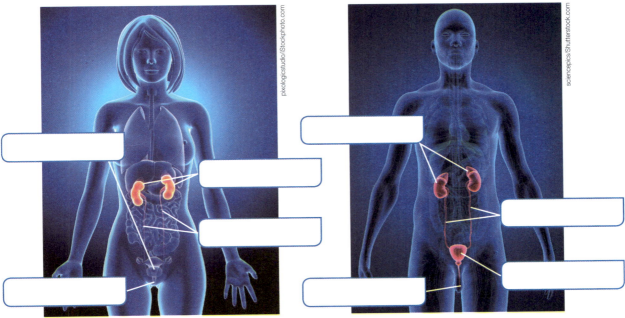

Esquema simplificado do sistema urinário feminino.

Esquema simplificado do sistema urinário masculino.

a) Com base nas funções dos órgãos já descritas, indique nas imagens onde estão os rins, os ureteres, a bexiga e a uretra.

b) Compare os dois sistemas urinários. Há alguma diferença entre eles? Justifique.

57

Atividades

1. Complete o esquema com as palavras que faltam:

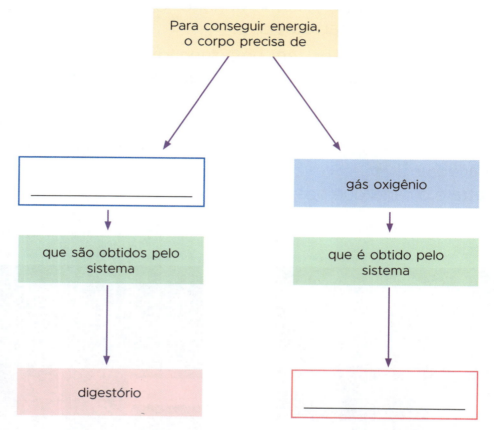

a) Esses elementos de que o corpo precisa chegam até as células graças a circulação do _____, que faz parte do sistema _____.

b) O processo de liberação de energia que ocorre no interior da célula também produz gás _____ e _____, que também serão transportados pela circulação sanguínea.

c) Os _____ são os órgãos responsáveis pela filtração do sangue. O produto formado é a _____.

d) Os ureteres, a _____ e a uretra também são órgãos do sistema _____.

O que estudamos

- O sangue, o coração e os vasos sanguíneos – artérias e veias – compõem o sistema cardiovascular.
- Ao circular, o sangue leva nutrientes e gás oxigênio às células do corpo e traz para os pulmões o gás carbônico produzido por elas.
- Quando a necessidade de energia aumenta, a frequência cardíaca e a frequência respiratória aumentam. Assim, o sangue leva nutrientes e gás oxigênio mais rapidamente para o restante do corpo.
- Os rins, os ureteres, a bexiga e a uretra são órgãos do sistema urinário.
- Além do gás carbônico, as células do corpo produzem substâncias tóxicas que devem ser eliminadas do organismo. Ao passar pelo corpo, o sangue recolhe essas impurezas.
- Os rins são responsáveis pela filtração do sangue. O produto formado por esse processo é a urina.
- Os sistemas digestório, respiratório, cardiovascular e urinário são integrados. Suas funções estão relacionadas à nutrição do corpo.

A água e o gás oxigênio são vitais para as pessoas.

Retomada

1. Observe atentamente os esquemas a seguir. Eles representam a integração do sistema cardiovascular com os sistemas digestório, respiratório e urinário. Complete o nome dos sistemas e faça uma legenda para explicar como é essa relação.

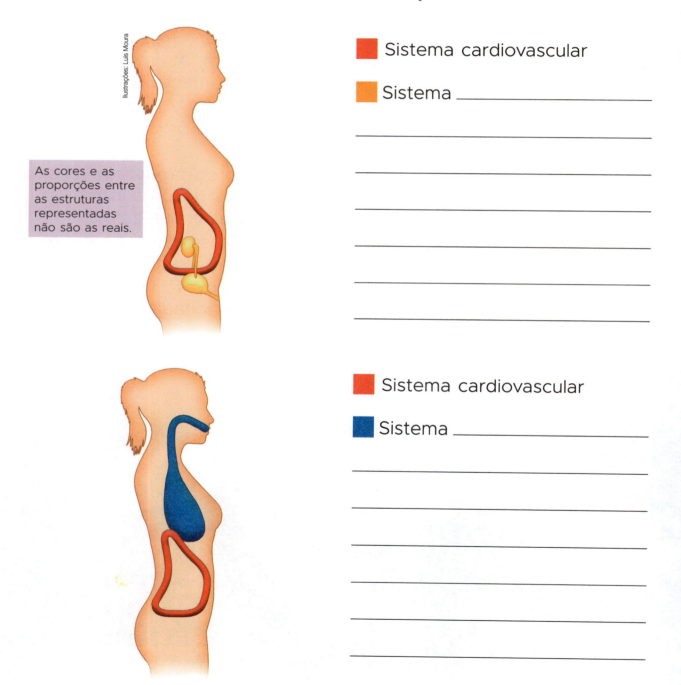

Ilustrações: Luis Moura

As cores e as proporções entre as estruturas representadas não são as reais.

■ Sistema cardiovascular

■ Sistema _____

_____

_____

_____

_____

_____

_____

_____

■ Sistema cardiovascular

■ Sistema _____

_____

_____

_____

_____

_____

_____

_____

60

Sistema cardiovascular

Sistema _____

_____

_____

_____

_____

_____

_____

As cores e as proporções entre as estruturas representadas não são as reais.

2. Escreva **V** para verdadeiro e **F** para falso em relação ao que acontece em cada bombeamento feito pelo coração.

☐ O sangue bombeado do coração só circula até os pulmões.

☐ O ritmo de batimento cardíaco de uma pessoa em repouso deve ser maior que 100 vezes por minuto.

☐ O sangue transporta os nutrientes provenientes da digestão para todo o corpo.

☐ O gás oxigênio da respiração é levado para todas as partes do corpo pelo sangue.

☐ O gás carbônico proveniente do pulmão é levado pelo sangue para o corpo todo.

3. Complete as frases com o que aprendeu sobre o sistema urinário.

a) Os _____ produzem a _____ com substâncias tóxicas ou em excesso.

b) A _____ masculina é mais longa do que a feminina.

Periscópio

📖 Para ler

O corpo humano: atlas escolar, de Núbia de Oliveira. Blumenau: Vale das Letras, 2010.
Com explicações claras e ilustrações, esse atlas mostra detalhes do corpo humano, além de curiosidades interessantes.

O livro dos porquês: o corpo humano, de Katie Daynes. São Paulo: Usborne; Nobel, 2014.
As crianças sempre passam por aquela fase de perguntar a razão de tudo ou de querer saber como as coisas são. Esse livro trata de questões desse tipo relacionadas ao corpo humano. A apresentação é diferente: as perguntas vêm sobre uma "janela" que, quando aberta, traz a resposta para o leitor.

▶ Para assistir

A incrível máquina humana, 2007.
Vídeo da National Geographic no qual, por meio de animações 3D, o corpo humano é percorrido e são mostradas as reações, defesas e outros mecanismos de nosso organismo.

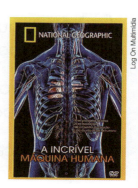

📍 Para visitar

Museu de Anatomia Humana – Universidade Federal de Mato Grosso do Sul (UFMS).
Apresenta exposições itinerantes e peças representativas dos sistemas cardiovascular e urinário, entre outros. Para mais informações, acesse: <https://inbio.ufms.br/laboratorios/lah/museu-anatomia/>.

UNIDADE 4 — Propriedades dos materiais

1. Preencha o diagrama de palavras com os nomes dos objetos que tenham as características indicadas:

   1. duro
   2. permeável
   3. flexível
   4. flutuante
   5. transparente
   6. impermeável
   7. solúvel
   8. opaco

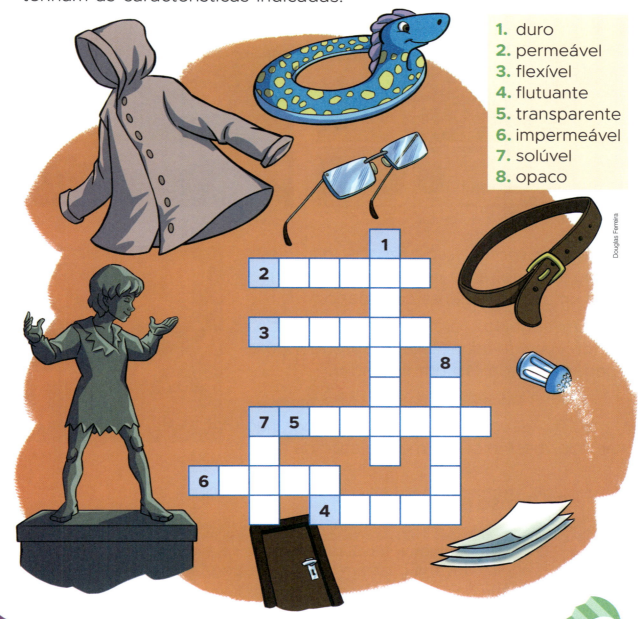

63

Materiais e objetos

Domingo, Juliana foi passar o dia no clube com a tia Cláudia. Antes de a menina ir brincar e para que não se perdesse, a tia quis mostrar as dependências do local.

No restaurante, foram até a cozinha para ver qual seria o almoço. Só olharam as panelas, porque a cozinheira havia saído um instante e deixado duas panelas no fogão.

Em uma das panelas havia uma colher de metal e, na outra, uma colher de madeira.

Panela com colher de metal.

Panela com colher de madeira.

Ao observar isso, tia Cláudia disse:
– Quando voltar, a cozinheira terá de pegar uma das colheres com pano.

Em seguida, foram à área da piscina onde uma menina estava aprendendo a nadar apoiada em um flutuador.

Juliana disse:

– Tia Cláudia, por que o flutuador não afunda, mesmo com a menina apoiada nele?

Menina utiliza um flutuador na piscina.

Pense e converse

- De que colher a tia Cláudia estava falando? Por que a cozinheira deveria usar um pano para pegá-la?
- O que tia Cláudia respondeu para Juliana sobre o flutuador? Comente suas ideias com os colegas e o professor.

1. Os talheres e o flutuador são **objetos** usados pelas pessoas. Que outros objetos você viu nas fotografias da página anterior?

_____

_____

2. Os objetos são fabricados com diferentes **materiais**. Escreva, abaixo de cada objeto, de que material ele é feito.

As imagens não estão representadas na mesma proporção.

_____   _____   _____   _____

3. Complete a frase: Além desses materiais, existem outros, por exemplo, borracha, plástico, _____, _____, _____.

4. Cada objeto tem **funções** específicas e deve ser feito de materiais com **características** adequadas a essas funções. Assinale a característica dos materiais que é mais diretamente relacionada a cada objeto.

   a) O material da lente dos óculos deve ser:

   ☐ transparente.

   ☐ opaco.

   b) O tecido de uma capa de chuva deve ser:

   ☐ permeável.

   ☐ impermeável.

   • Transparência e impermeabilidade são as **propriedades** dos materiais.

65

Para saber mais

Aqui a água não passa!

As imagens não estão representadas na mesma proporção.

Cientistas americanos criaram o material que promete ser o mais à prova d'água do mundo. A tecnologia foi inspirada em folhas e em asas de borboleta, sendo batizada de "super-hidrofóbica". Roupas impermeáveis e até mesmo turbinas de aviões que não congelam estão entre as várias aplicações possíveis para este novo material.

[...]

[...] A capacidade de rebater a umidade é fundamental para a impermeabilidade. Quanto menos tempo a água fica em contato com um material, mais seco ou menos exposto à corrosão e ao congelamento ele fica. Por isto, os cientistas filmaram gotas batendo em diversas superfícies, medindo o tempo de adesão delas a estes materiais.

Agrião-do-méxico.

Borboleta do gênero *Morpho*.

[A] folha de lótus, cuja superfície é considerada a mais impermeável da natureza, [...] inspirou a tecnologia que já é usada em tintas, tecidos e telhados.

[...] a superfície super-hidrofóbica consegue obter uma eficiência 40% maior do que a folha de lótus [...].

A folha de lótus é utilizada na culinária e na medicina tradicional chinesa há muitos anos.

Cientistas do MIT criam o material mais à prova d'água do mundo. *O Globo*, 21 nov. 2013. Disponível em: <https://oglobo.globo.com/sociedade/ciencia/cientistas-do-mit-criam-materialmais-prova-dagua-do-mundo-10839549>. Acesso em: 20 nov. 2017.

Também quero fazer

Propriedades dos materiais

Item a

Que material esquenta mais rápido, o metal ou a madeira? Anote suas ideias.

_____
_____

Material:
- 1 colher ou um garfo de madeira;
- 1 colher ou um garfo de metal;
- 1 folha de papel branca.

Modo de fazer

1. Procurem um local em que haja luz solar.
2. Forrem o local com a folha de papel e coloquem os talheres sobre ela. Aguardem 15 minutos.
3. Terminado o tempo, coloquem a mão sobre cada talher para ver qual está mais quente.

Garfo e colher de madeira (à esquerda) e de metal (à direita).

Conclusão

Depois de realizar a atividade, suas ideias se confirmaram? Explique.

_____
_____
_____

67

Item b

Se você embrulhar gelo com um pedaço de lã, ele vai derreter mais rápido? Anote suas ideias.

___

___

Material:
- 6 cubos de gelo;
- um pedaço de tecido de lã com tamanho suficiente para envolver 3 cubos de gelo.

Modo de fazer

1. Procurem um local onde haja luz do Sol.
2. Embrulhem 3 cubos de gelo com o pedaço de lã e o coloquem no local escolhido. Ao lado, coloquem as outras 3 pedras de gelo. Aguardem 15 minutos.
3. Terminado o tempo, abram o tecido e observem como estão as pedras de gelo.

Conclusão

Depois de realizar a atividade, suas ideias se confirmaram? Explique.

___

___

Item c

A forma de um objeto interfere na flutuabilidade dele, ou seja, determina se ele vai afundar ou boiar na água? Anote suas ideias.

___

___

Material:
- um recipiente fundo com água;
- um pouco de massa de modelar;
- papel ou pano para secar o local, caso seja necessário.

Modo de fazer

1. A massa de modelar deve ser separada em partes iguais, com a mesma quantidade.
2. Cada componente do grupo deve dar uma forma diferente à sua porção.
3. Coloquem uma massinha de cada vez na água. Observem se ela afunda ou flutua.
4. Retirem os blocos de massinha da água.
5. Peguem mais um pouco de massinha e façam outras formas. Não se esqueçam de que cada um deve usar a mesma quantidade de massinha.
6. Coloquem as formas modeladas uma a uma na água e observem o que acontece.
7. Desenhem as formas que flutuaram e as formas que afundaram.

Conclusão

Depois de realizar a atividade, suas ideias se confirmaram? Explique.

_____

_____

Propriedades dos materiais

Além da transparência e da impermeabilidade, os materiais têm outras propriedades.

Condutibilidade térmica

A propriedade do material relacionada à transmissão de **calor** chama-se **condutibilidade térmica**. Os metais são bons condutores de calor; já a madeira, o plástico e o isopor não são bons condutores de calor.

Volte à página 64. Você considerou que a tia Cláudia estava falando de uma colher de metal apoiada na panela que estava sobre o fogo e que a cozinheira poderia se queimar caso tocasse nela sem proteção?

Para que as pessoas não se queimem enquanto cozinham, a parte dos objetos em que elas precisam colocar as mãos deve ser feita de material que não conduza calor.

1. Agora pense em outras situações que envolvem calor. Esse banco de jardim é fabricado com madeira e metal. O que poderia acontecer se a parte feita para as pessoas sentarem fosse de metal?

   _____
   _____
   _____
   _____

Banco feito de madeira e metal.

70

Isolantes térmicos

Os materiais que não conduzem calor são chamados isolantes térmicos. Eles conservam a temperatura daquilo que revestem. A lã é um isolante térmico. Assim, a lã que cobria o gelo impediu que ele derretesse, mas o gelo que ficou descoberto não foi protegido e derreteu.

Isopor, borracha, cerâmica e lã de vidro são outros materiais isolantes.

A lã de vidro é um isolante térmico que pode ser usado no revestimento de construções.

Flutuabilidade

Você deve ter percebido que, quando há quantidades iguais de um mesmo material, o fator que interfere na flutuação do objeto na água é sua forma. Observe a imagem ao lado.

Algumas formas dadas à massinha permitiram que ela boiasse. Entretanto, o tipo de material também influencia na flutuação.

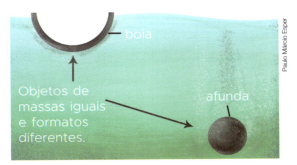

É a forma dada a porções de material com mesma massa que possibilita a flutuabilidade do objeto.

1. Se colocarmos em um recipiente com água um bloquinho de madeira com a mesma forma e o mesmo tamanho de um bloquinho de massa de modelar, você acha que eles boiam ou afundam? Se possível, faça essa atividade com os colegas.

Na água, os objetos podem boiar ou afundar.

71

Ao colocarmos cubos de mesmo tamanho na água, o cubo de madeira boia e o de massa de modelar afunda. Nesse caso, foi a **densidade** do material que interferiu na flutuabilidade do objeto. Os materiais com densidade maior que a da água afundam; os que são menos densos, boiam.

Volte à página 64. Verifique se você considerou, ao responder à pergunta de Juliana, que o equipamento usado na piscina flutua por causa do material de que é feito.

2. Com base nessa informação, observe a fotografia e complete a frase: Nesta mistura de água, óleo e areia, o material menos denso é _____, e o mais denso é _____.

3. Observe a fotografia abaixo e responda às questões propostas.

a) De que material são feitas essas peças?
_____

b) O que acontecerá com as massinhas se colocadas em um recipiente com água? Vão afundar ou flutuar? Justifique sua resposta.
_____
_____
_____

Para saber mais

Onde fica o Mar Morto?

O Lago Asfaltite, mais conhecido como Mar Morto, fica no interior da Palestina (Oriente Médio). Ele [...] é alimentado pelo rio Jordão. Apesar de ser chamado de mar (devido à quantidade de sal na água), é um lago estreito e alongado, com 82 quilômetros de comprimento e 18 quilômetros de largura. É o ponto mais baixo da Terra: fica 417 metros abaixo do nível do mar.

Muito sal!

Como a região onde o Mar Morto está é muito quente e seca, a quantidade de água que evapora dele é maior do que a que chega por meio da chuva e do rio Jordão. Por isso, ele tem a maior concentração de sal em água do mundo [...]. A quantidade de sal presente no Mar Morto não deixa as pessoas afundarem: a água fica mais densa do que o nosso corpo, que acaba boiando.

Fonte: *Atlas geográfico escolar*. 6. ed. Rio de Janeiro: IBGE, 2012. p. 49.

No Mar Morto as pessoas flutuam com facilidade.

Que nome é esse?

Tanto sal não permite a sobrevivência de quase nenhum tipo de vida. Os peixes que chegam pelo rio Jordão, por exemplo, morrem ao entrar em contato com a água do Mar Morto – daí vem o nome Morto. Os únicos seres vivos que sobrevivem por lá são [algumas] bactérias [...]
[...]

Onde fica o Mar Morto? *Recreio.com*, 6 ago. 2017. Recreio/Editoras Caras S.A. Disponível em: <http://recreio.uol.com.br/noticias/curiosidades/onde-fica-o-mar-morto.phtml#.WdfeZo9SzIV>. Acesso em: 28 jan. 2017.

Atividades

1. Por que o cabo e a alça desta panela foram revestidos de um material diferente do alumínio?

_____
_____
_____
_____

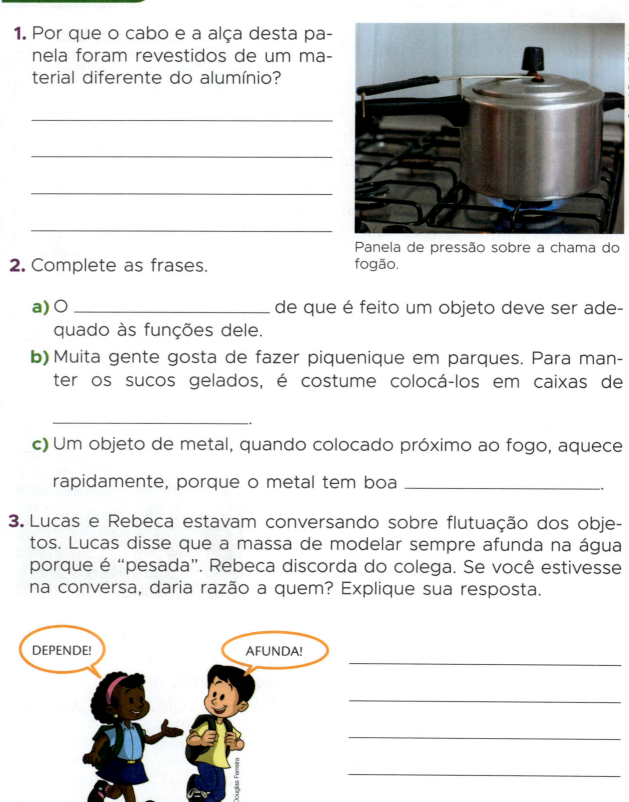

Panela de pressão sobre a chama do fogão.

2. Complete as frases.

a) O _____ de que é feito um objeto deve ser adequado às funções dele.

b) Muita gente gosta de fazer piquenique em parques. Para manter os sucos gelados, é costume colocá-los em caixas de _____.

c) Um objeto de metal, quando colocado próximo ao fogo, aquece rapidamente, porque o metal tem boa _____.

3. Lucas e Rebeca estavam conversando sobre flutuação dos objetos. Lucas disse que a massa de modelar sempre afunda na água porque é "pesada". Rebeca discorda do colega. Se você estivesse na conversa, daria razão a quem? Explique sua resposta.

DEPENDE! AFUNDA!

_____
_____
_____
_____
_____

74

Dureza

A **dureza** é outra propriedade dos materiais. Ela tem um significado bem específico. Quer ver? Esta rocha se chama granito. O vidro certamente você conhece.

Granito.

Ambos materiais parecem igualmente "duros", não é? Só que não é bem assim.

Veja, ao lado, o que acontece quando o granito é passado no vidro.

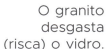
As imagens não estão representadas na mesma proporção.

O granito desgasta (risca) o vidro.

Para saber se um material é mais duro que outro é necessário analisar se ele é capaz de riscar esse outro material, ou seja, se consegue desgastá-lo. Os materiais mais duros conseguem riscar os que são menos duros. Assim, como o granito consegue riscar o vidro, desgastando-o, ele é mais duro do que o vidro.

1. Agora, pense em alguém escrevendo com giz na lousa e responda:

a) Que material ficou com marcas?

_____

b) Que material foi desgastado?

_____

c) Qual dos materiais tem maior dureza? Explique sua resposta.

Lousa e giz.

_____
_____
_____

75

A dureza do diamante

Você sabia que o material mais duro que existe na natureza é o diamante? A palavra **diamante** vem do grego *adámas*, que significa "inflexível". Um diamante só é riscado por outro diamante.

Condutibilidade elétrica

Aparelhos eletrodomésticos, como geladeira, lavadora de roupas e forno de micro-ondas precisam de energia elétrica para funcionar.

A energia é produzida em usinas e transportada até o local onde será utilizada por **fios** e **cabos elétricos** que são feitos de **metal** (geralmente cobre ou alumínio).

Por medida de segurança, nos locais em que a energia será utilizada os fios e cabos elétricos são envolvidos por plástico ou **borracha**. Isso visa evitar choques elétricos e curtos-circuitos.

Esquema simplificado de sistema de geração e distribuição de energia elétrica.

Os fios elétricos são feitos por um único filamento metálico. Já os cabos elétricos são constituídos de vários filamentos metálicos.

Também quero fazer

Acende ou não?

1. Releia a descrição e função de fios e cabos elétricos na página anterior, e responda às questões a seguir.

   a) Os metais permitem a passagem de eletricidade? Por quê?

   _____

   _____

   b) E o plástico e a borracha? Por quê?

   _____

   _____

Material:
- objetos metálicos (clipes, moeda);
- objetos plásticos (régua, parte exterior de canetas, borrachas);
- outros objetos (copo, prato).

Modo de fazer

O professor fará uma montagem como a que está ao lado.

Exemplo de montagem necessária para a realização da atividade prática.

1. Com uma das pinças, segure um dos objetos que você trouxe.
2. Com cuidado, use a outra pinça para também segurar o objeto.
3. Verifique se a lâmpada acende ou não.
4. Repita o procedimento com outros materiais e, depois, preencha o quadro com os resultados obtidos.

77

Objeto	Material de que ele é feito	A lâmpada acendeu? Sim/Não

Conclusão

Os resultados desta atividade prática confirmam o que você pensou? Converse a respeito disso com os colegas e o professor e escreva a conclusão de vocês sobre os resultados obtidos durante o trabalho com os diferentes materiais.

_____
_____
_____
_____
_____
_____
_____
_____
_____

Condutores e isolantes elétricos

Os metais, em geral, são bons condutores de eletricidade, isso quer dizer que neles ocorrem fenômenos elétricos com facilidade, como a passagem de corrente elétrica. Já o plástico e a borracha são chamados de isolantes elétricos, porque oferecem resistência a esses fenômenos.

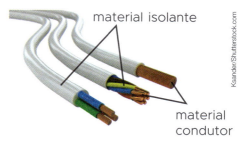

Os fios e cabos elétricos são feitos de materiais condutores e envolvidos por materiais isolantes.

Agora você deve ter compreendido a estrutura dos fios e condutores: o material condutor fica isolado por outro material que resiste mais à passagem de corrente elétrica. Com essa estrutura, enquanto a passagem de corrente elétrica está acontecendo, caso o fio seja tocado a pessoa não leva um choque.

Observe, por exemplo, o material de que são feitos o protetor de tomada e as luvas usadas por profissionais que trabalham com instalações elétricas.

 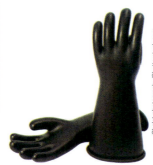

O plástico do protetor e a borracha das luvas são isolantes elétricos.

Existem outros materiais isolantes elétricos: isopor, vidro e cerâmica são alguns exemplos.

Para saber mais

Cuidado com a rede elétrica!

A água e o corpo das pessoas são bons condutores de corrente elétrica, por isso é extremamente perigoso mexer em aparelhos elétricos, como secadores de cabelo, com o corpo molhado. O risco de tomar um eletrochoque é muito grande e pode ser fatal.

Também quero fazer

Estudo dos ímãs

Faça as atividades práticas a seguir com um colega.

Como tirar uma moeda do copo com água sem molhar as mãos? Anote suas ideias.

Material:
- 1 copo com água;
- 1 moeda;
- 1 ímã.

Modo de fazer

1. Coloquem a moeda no interior do copo.
2. Testem as ideias de vocês.

Conclusão

Suas ideias se confirmaram? Explique.

Os ímas sempre se atraem? Anote suas ideias.

Material:
- 2 ímãs retangulares;
- etiquetas;
- caneta.

Modo de fazer

1. Usando as etiquetas, marquem os lados dos ímãs com letras: A e B em um ímã e C e D no outro ímã.
2. Tentem encostar os lados A e B nos lados C e D.

Conclusão

Suas ideias a respeito do comportamento dos ímãs se confirmaram, ou seja, eles sempre se atraem? Explique.

80

Magnetismo

Os ímãs têm a propriedade de atrair objetos feitos de materiais ferromagnéticos, como ferro, níquel e cobalto.

Os ímãs podem ser naturais ou artificiais. Os ímãs encontrados na natureza são formados de um material chamado **magnetita**. Os ímãs artificiais são formados por outros materiais que adquirem propriedade magnética ao serem atritados com outro ímã.

Magnetita.

Polos magnéticos

Os cientistas descobriram que todos os ímãs têm duas regiões: os **polos magnéticos**, chamados de polo norte e polo sul.

Quando polos diferentes de dois ímãs são aproximados, eles se atraem. Quando polos iguais são aproximados, eles se repelem. Observe a seguir.

Os ímãs podem ter diferentes formatos, e em geral seus polos magnéticos são representados pelas cores vermelha (polo norte) e azul (polo sul).

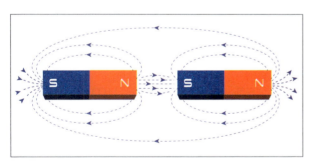

Polos magnéticos diferentes se atraem.

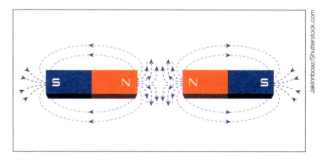

Polos magnéticos iguais se repelem.

Essas linhas curvas tracejadas que ligam os polos norte e sul de um ímã são chamadas de linhas de campo ou linhas de força. Por convenção, considera-se que as linhas de campo saem pelo polo norte e entram pelo polo sul do ímã.

Observe o posicionamento das setas quando os dois ímãs estão próximos um do outro.

81

1. Retome, na página 80, a conclusão a que você e os colegas chegaram sobre o comportamento dos ímãs. Explique-o tomando por base os polos magnéticos.

_____

_____

_____

Não é possível quebrar um ímã e separar os dois polos. Ao quebrar um ímã, obtém-se dois novos ímãs, e em cada um haverá os polos norte e sul.

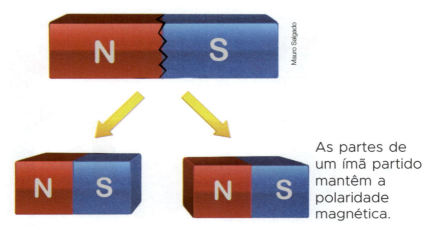

As partes de um ímã partido mantêm a polaridade magnética.

Os ímãs são utilizados em diversos produtos, desde objetos decorativos (enfeites para geladeira, por exemplo) até acessórios funcionais, como a borracha da porta da geladeira. Além disso, os ímãs fazem parte de equipamentos elétricos e eletrônicos, como telefones, televisores, caixas de som e detectores de metal.

Em quase todos os motores e geradores elétricos há um ímã.

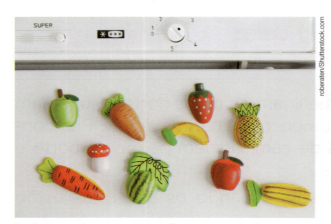

Enfeites de geladeira feitos de ímã.

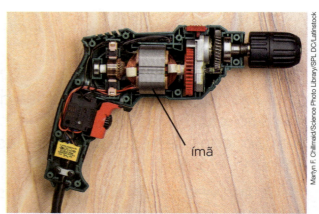

O motor elétrico da furadeira tem um ímã.

Para saber mais

Como funcionam os trens que flutuam sobre os trilhos?

Eles conseguem fazer isso graças a poderosos eletroímãs – peças que geram um campo magnético a partir de uma corrente elétrica – instalados tanto no veículo quanto nos trilhos.

Representação artística de um trem Maglev (sigla em inglês para *magnetic levitation transport* – comboio de levitação magnética) em operação.

Os maglevs (abreviação de "levitação magnética"), como são chamados, nada têm a ver com os famosos trens-bala que circulam no Japão e na Europa com motores elétricos e rodas comuns e atingem até 300 km/h. Já os maglevs [...] poderão superar os 500 km/h, pois não sofrerão nenhum atrito com o solo. As vantagens não param por aí. Eles consumirão menos energia, serão mais silenciosos e não precisarão de tanta manutenção. A expectativa é a de que esses trens flutuantes possam competir até com voos regionais, revolucionando o transporte entre cidades.

Um maglev venceria a distância entre Rio e São Paulo em 50 minutos, praticamente o mesmo tempo da ponte aérea, mas a um custo bem inferior. [...] O problema é o enorme investimento necessário para instalar linhas totalmente novas – enquanto os trens-bala comuns podem aproveitar as ferrovias já existentes.

Como funcionam os trens que flutuam sobre os trilhos?. *Mundo estranho.* Disponível em: <https://mundoestranho.abril.com.br/tecnologia/como-funcionam-os-trens-que-flutuam-sobre-os-trilhos/>. Acesso em: 20 dez. 2017.

Atividades

1. Se você apertar com as mãos um garfo de metal e um giz de escrever na lousa não conseguirá deformá-los. Com base nessa informação, responda às questões.

   a) O giz é feito de um material tão duro quanto o metal de que é feito o garfo?

   _____

   _____

   b) Como provar sua resposta usando um garfo e o giz?

   _____

   _____

2. Complete as frases com a palavra correta.

   a) Materiais _____ são os que dificultam a _____ de corrente elétrica; é o caso, por exemplo, da borracha.

   b) Os metais são materiais _____; eles _____ a passagem de corrente elétrica.

3. Responda às questões propostas.

   a) Qual é a propriedade comum a todos os ímãs?

   _____

   _____

   b) Qual é a diferença entre ímãs naturais e ímãs artificiais?

   _____

   _____

   c) Ao aproximar um ímã de outro, eles podem se repelir ou se atrair. Por que isso ocorre?

   _____

   _____

O que estudamos

- Os objetos usados pelos seres humanos são fabricados com diversos tipos de materiais.
- O material de que é feito o objeto deve ser adequado às funções dele.
- Transparência e impermeabilidade são propriedades de materiais usados na fabricação de produtos como óculos e capa de chuva, respectivamente.
- Condutibilidade térmica é a propriedade relacionada à transmissão de calor. Os metais são bons condutores de calor; já madeira, plástico e isopor não são.
- A forma de um objeto interfere em sua flutuabilidade. A densidade do material de que o objeto é feito também interfere na flutuabilidade.
- A dureza é outra propriedade dos materiais: os mais duros riscam os menos duros.
- Condutibilidade elétrica é a propriedade relacionada à transmissão de fenômenos elétricos.
- Os metais são condutores elétricos, os plásticos e a borracha são isolantes elétricos.
- Os ímãs têm a propriedade de atrair objetos feitos de ferro, níquel e cobalto, por exemplo. Eles podem ser naturais ou artificiais.
- Todos os ímãs têm dois polos magnéticos: polo norte e polo sul. Polos diferentes de dois ímãs se atraem. Polos iguais se repelem.
- Não é possível quebrar um ímã e separar os dois polos.

O traje dos bombeiros é feito de materiais resistentes (que protegem contra cortes), flexíveis (que possibilitam a mobilidade) e isolantes térmicos (para evitar queimaduras devido às altas temperaturas).

Retomada

1. Muitas roupas de inverno e diversos cobertores são feitos de lã. Por que esse material é escolhido para confeccionar peças que nos protegem do frio?

   _____

   _____

   _____

2. Um alfinete foi esfregado diversas vezes em um ímã, sempre no mesmo sentido, como mostra a figura abaixo. Assim ele adquiriu propriedades magnéticas.

   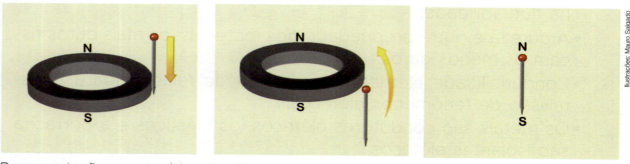

   Representação esquemática de alfinete magnetizado por atrito.

   Com base nessa informação, responda:

   a) Ele se transformou em um ímã natural? _____
   b) Por quê?

   _____

   _____

3. Se você retirasse um frango do *freezer* e o enrolasse em um cobertor, ele descongelaria mais rápido ou mais devagar do que se estivesse somente fora do *freezer*? Justifique sua resposta.

   _____

   _____

4. Faça **X** nos materiais que são isolantes elétricos.

- [ ] borracha
- [ ] maçaneta de metal
- [ ] vidro
- [ ] sandália de borracha
- [ ] fio de cobre
- [ ] barra de ferro
- [ ] água
- [ ] plástico

5. Este eletricista abandonou o serviço bem assustado ao levar um choque elétrico. O que ele deveria ter feito para evitar que isso ocorresse? Explique sua resposta.

_____
_____
_____

6. Bússolas são instrumentos usados para localização que têm uma agulha imantada (com polos norte e sul). Se colocarmos uma bússola ao lado de um ímã, em qual posição a agulha ficará? Assinale a alternativa correta.

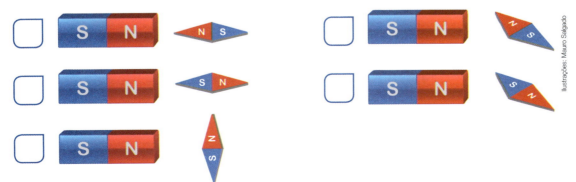

87

Periscópio

📖 Para ler

Quente e frio, de Emmanuel Bernhard. São Paulo: Companhia Editora Nacional, 2006.
O livro amplia seu conhecimento sobre o que foi visto nesta unidade. São propostos alguns experimentos muito interessantes.

A energia em pequenos passos, de François Michel. São Paulo: Companhia Editora Nacional, 2005.
O que é a eletricidade? Por que a luz acende? Como o raio se forma? No livro, a resposta a essas e a outras curiosidades ampliam o conhecimento sobre como é gerada essa forma de energia.

Magnetismo, de Phillippe Nessmann. São Paulo: Companhia Editora Nacional, 2006. (O que é?).
Explica os tipos de ímãs comuns de nosso dia a dia. Ensina a fabricar um ímã e mostra por que ele atrai o ferro, mas não o vidro.

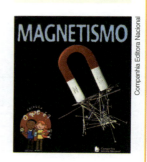

👆 Para acessar

De onde vem a energia elétrica? Vídeo com a personagem Kika, em mais um desenho animado disponibilizado pela TV Escola, do MEC. O episódio explica de onde vem a energia elétrica.
Disponível em: <http://tvescola.mec.gov.br/tve/video/de-onde-vem-de-onde-vem-a-energia-eletrica>. Acesso em: 19 set. 2017.

UNIDADE 5

Ar e água

Você já percebeu que encontramos bolhas em várias situações do dia a dia? Por exemplo, na espuma da pasta de dentes, no refrigerante e em muitas outras situações.

A maior bolha de sabão feita no Brasil tinha 7,36 metros!

Celso Luiz Johnsson fez, em 2013, a maior bolha de sabão que se tem registro no Brasil, com 7,36 metros.

1. Escreva agora sua receita para fazer bolhas de sabão.

Material:

_____

_____

Modo de fazer

_____

_____

O ar atmosférico

Em Goiás há uma rampa para praticantes de asa-delta. Nas decolagens feitas dessa rampa, o desportista pode voar por até 5 horas!

Rampa de voo livre do Campeonato Internacional Brasília Open de Voo Livre, em Brasília, Distrito Federal, 2015.

Imagine manter um voo de 5 horas sem o uso de nenhum motor e atingir a velocidade de 140 km/h...

Durante o voo, a velocidade pode chegar a 140 km/h.

Pense e converse

- Como o desportista consegue manter um voo tão longo e alcançar uma velocidade tão alta? Comente suas ideias com os colegas e o professor.

Em volta da Terra existe uma camada de ar chamada **atmosfera**.

O **ar atmosférico** é uma mistura composta de vários gases e pequenas partículas de pó.

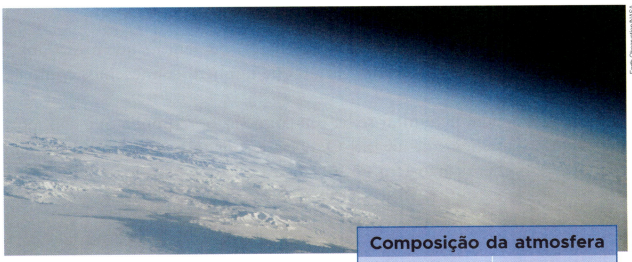

Parte da superfície da Terra vista do espaço. Imagem obtida da Estação Espacial Internacional ISS038 (do inglês: *International Space Station*), 2014.

Veja na tabela ao lado a proporção de alguns gases que compõem o ar atmosférico.

Composição da atmosfera	
Gases	Proporção
Gás nitrogênio	78%
Gás oxigênio	21%
Outros gases	1%

Fonte: <https://nssdc.gsfc.nasa.gov/planetary/factsheet/earthfact.html>. Acesso em: 18 out. 2017.

Importância do ar

O ar é um componente fundamental para que haja vida no planeta. Animais e plantas usam o gás oxigênio do ar na respiração. Mas não é só ele. Há outros gases do ar, como o gás carbônico e o vapor de água, que são igualmente importantes.

O gás carbônico é usado pelas plantas para fazer a fotossíntese, que tem como um dos produtos o gás oxigênio. Já o vapor de água presente na atmosfera define qual é a umidade relativa do ar, fator importante para a manutenção da saúde das pessoas.

Além disso, o movimento do ar possibilita o deslocamento de aparelhos esportivos, como parapentes e asas-delta.

Volte à resposta que você deu ao **Pense e converse** na página 90. Você considerou que o movimento do ar é responsável pela distância percorrida pela asa-delta e pela velocidade que ela alcança?

Propriedades do ar

1. Leia o texto a seguir e faça o que se pede.

Experiência: o ar existe?

Como os peixes, nós vivemos em um mar. A diferença é que nosso "mar" não é feito de água, mas sim de [gases], que também conhecemos como ar. [...]

Quando alguém perguntar se há um copo vazio, responda que não, porque todos estão cheios de ar. [...] O ar existe por toda parte, mas não tem cor, não tem cheiro, não tem gosto e não podemos pegá-lo. Então, como provar que ele existe?

Ciência Hoje das Crianças. Disponível em: <http://chc.cienciahoje.uol.com.br/experiencia-o-ar-existe/>.
Acesso em: 22 set. 2017.

Para responder à questão do texto, o professor do 5º ano fez uma atividade com a turma.

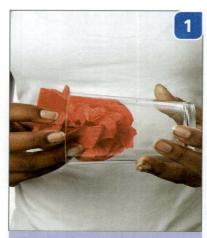
Ele amassou uma folha de papel e a colocou no fundo de um copo seco.

Em seguida, ele virou o copo de cabeça para baixo e o mergulhou em uma bacia funda cheia de água.

Após 5 segundos, retirou rapidamente o copo, sem virá-lo nem tombá-lo.

- Agora responda: Como você acha que ficou o papel? Por quê?

_____
_____
_____

A atividade anterior demonstrou uma importante propriedade do ar: **o ar ocupa espaço**! Isso significa que existe ar em toda a parte, mesmo em espaços que parecem vazios, como um copo, uma caixa ou qualquer outro objeto.

Também quero fazer

Propriedades do ar

Parte 1

O ar tem peso? Anote suas ideias.

___

___

Material:
- 1 cabide;
- 2 balões de festa;
- barbante.

Modo de fazer

1. Encha os balões de ar de forma que eles fiquem do mesmo tamanho.
2. Amarre os balões no cabide como mostra a imagem. Use o mesmo comprimento de barbante dos dois lados.
3. Pendure o cabide em um local no qual não haja vento.
4. Estoure um dos balões e observe.
    - Desenhe, no espaço ao lado, como ficou a montagem.

Conclusão

Depois de fazer essa atividade, suas ideias se confirmaram? Explique.

___

93

Parte 2

O que acontece com o ar quente? Anote suas ideias.

_____

Material:
- 1 garrafa de vidro;
- 1 balão de festa;
- fita adesiva;
- 1 litro de água quente;
- gelo de 4 forminhas;
- um balde.

Modo de fazer

1. Coloque o balão na boca da garrafa de vidro e fixe-o com fita adesiva. É importante que a bexiga fique bem presa à garrafa.
2. Coloque a garrafa no balde. O professor despejará a água quente no interior dele. Espere 2 minutos, observe como ficou o balão e desenhe no quadro abaixo.

Conclusão

a) Depois de realizar a atividade, suas ideias se confirmaram? Explique.

_____

_____

b) Agora coloque todo o gelo no balde. Aguarde pelo menos 3 minutos e observe o que acontece com o balão.

Parte 3

É possível comprimir o ar para que ele ocupe menos espaço? Anote suas ideias.

___

Material:
- 1 seringa sem agulha.

Modo de fazer

Segure a seringa e puxe o êmbolo o máximo que puder. Observe a figura ao lado.

Em seguida, coloque o dedo na ponta da seringa, impedindo que o ar saia. Com o polegar da outra mão, comprima fortemente o êmbolo.

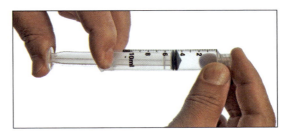

Aperte o êmbolo o máximo que puder e solte-o de repente.

1. Foi possível empurrar o êmbolo até o fim? Por quê?

___

___

2. O que aconteceu quando você parou de apertar o êmbolo e o soltou?

___

___

Conclusão

Depois de realizar a atividade, suas ideias iniciais se confirmaram? Explique.

___

___

95

Ao fazer essas atividades práticas, você vivenciou situações que mostram três propriedades do ar.

O ar tem peso

Quando você estourou um dos balões presos ao cabide, o ar escapou. Assim, o cabide ficou inclinado para o lado mais **pesado**, onde estava o balão **cheio**. Observe.

O balão vermelho (cheio de ar) é mais pesado que o balão azul (murcho).

O ar quente se expande

Como o ar quente se **expande**, ele ocupa mais espaço do que o ar frio. A água quente colocada no balde aqueceu a garrafa e o ar dentro dela. Ao ser aquecido, o ar se expandiu e encheu o balão. Observe.

Ao esfriar a água com o gelo, a bexiga murchou, porque o ar do interior da garrafa e do balão ficou mais frio e passou a ocupar menos espaço.

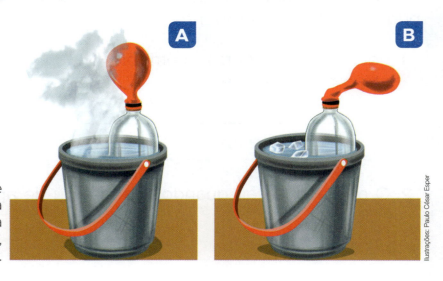

O ar quente se expande e enche o balão (A). À medida que o ar esfria, ele ocupa um espaço menor e, assim, a bexiga murcha (B).

O ar pode ser comprimido e tem elasticidade

Ao tapar a ponta da seringa com o dedo e, com a outra mão, empurrar o êmbolo, você comprimiu o ar do interior da seringa e ele se ajustou ao espaço menor.

Ao continuar forçando o êmbolo e depois soltá-lo de repente, ele voltou à posição inicial. Isso aconteceu porque o ar que estava comprimido empurrou o êmbolo, já que voltou a ocupar o mesmo espaço que ocupava antes de ser comprimido.

1. Ao colocar leite no chocolate em pó, Mateus percebeu que pequenas bolhas de ar se formaram. Por que isso aconteceu?

   _____

   _____

2. Na festa de aniversário de Bruna, todos se divertiram muito. Aproveite as diversas situações da festa para estudar Ciências. Utilize seus conhecimentos sobre as propriedades do ar para responder às questões.

   a) Quando o pai de Bruna encheu os balões de ar para enfeitar a festa, comentou o esforço que fazia para isso. Cada balão ficou com um tamanho diferente. Por quê?

   _____

   _____

   b) Alguns balões ficaram tão cheios que estouraram. Por que isso aconteceu?

   _____

   _____

   c) A tia de Bruna foi a grande atração da festa. Ela utilizou os balões de ar para criar diferentes esculturas: de cachorro, borboleta, flor e outras. Qual característica do ar permitiu que ela conseguisse mudar o formato dos balões?

   _____

   _____

   d) No final da festa, o arco de balões caiu. O pai de Bruna disse que ele ficou pesado com tantos balões. Como ele pode ter ficado pesado se um balão é leve?

   _____

   _____

A água na natureza

A água é outro elemento não vivo dos ambientes. É o componente que ocupa a maior parte da superfície terrestre. Mesmo assim, a quantidade disponível para consumo é pequena. Parece contraditório, mas você entenderá ao estudar a distribuição da água na natureza.

O esquema a seguir representa de que modo a água salgada e a água doce estão distribuídas na Terra.

Distribuição proporcional da água salgada e da água doce na Terra.

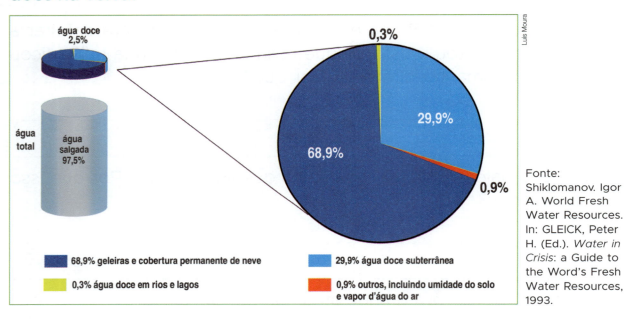

Fonte: Shiklomanov. Igor A. World Fresh Water Resources. In: GLEICK, Peter H. (Ed.). *Water in Crisis*: a Guide to the Word's Fresh Water Resources, 1993.

1. Analise o esquema e responda às questões.

    a) A maior quantidade de água doce está representada por qual parte?
    _____

    b) Essa água está em qual estado físico?
    _____

    c) De onde é mais fácil obter água doce?
    _____

    d) Essa água está em qual estado físico?
    _____

98

Mudanças de estado físico da água

A água do planeta pode estar nos três estados físicos: **sólido**, **líquido** e **gasoso**. Dependendo da temperatura, a água pode passar de um estado físico para outro.

1. A seguir descrevemos algumas situações que envolvem mudança de estado físico da água. Escreva as atitudes que você deve tomar para conseguir o que quer.

    a) Amanhã cedo preciso colocar gelo na caixa de isopor para manter os sucos frescos.

    _____
    _____

    b) Quero beber água da garrafa que foi deixada no congelador a noite inteira.

    _____
    _____

    - Você percebeu as transformações que ocorreram nas situações descritas? O que causou cada uma delas? Escreva sua resposta e conte aos colegas e ao professor.

    _____
    _____
    _____

2. Pense, agora, em roupas molhadas secando em um varal e em uma poça de água.

    - A água da roupa e da poça somente secarão se estiver fazendo Sol?

    _____
    _____
    _____

99

Ao colocar água líquida no congelador, ela se transforma em gelo, isto é, o líquido se transforma em sólido por causa do frio. Esse processo é chamado de **solidificação**.

Se o gelo (água sólida) for retirado do congelador, derreterá aos poucos, já que fora do congelador é mais quente. O nome desse processo é **fusão**.

A secagem das roupas e da poça não depende necessariamente da presença do calor do Sol, pois os ventos também atuam para que a água líquida das roupas e das poças se transforme em **vapor**. Nós podemos perceber que a roupa e a poça secam e a água líquida desaparece porque ela passa para o estado de vapor (gás).

A passagem do estado líquido para vapor é chamada de **vaporização**.

Quando uma panela com água é colocada no fogo e a água ferve, a vaporização da água ocorre rapidamente.

A "fumacinha" que sai da panela não é vapor, já que o vapor é invisível. Essa "fumaça" são gotículas de água líquida que surgiram porque o vapor de água esfriou, ao sair da panela, e a água voltou ao estado líquido, ou seja, ocorreu a **condensação** do vapor formado pela fervura da água.

O que enxergamos durante a fervura da água é água líquida (condensação do vapor de água).

Também é possível observar a condensação da água em diversas outras situações.

As gotinhas de água se formam na tampa da panela porque o vapor que sai do alimento quente encosta na tampa, que está mais fria. Ou seja, essas gotinhas são formadas pela condensação do vapor.

O vapor de água formado no cozimento dos alimentos condensa na tampa da panela.

As imagens não estão representadas na mesma proporção.

Durante o banho, parte da água quente que sai do chuveiro evapora, gerando vapor de água. Esse vapor, ao encontrar superfícies mais frias, como os azulejos ou o espelho, resfria, voltando ao estado líquido.

A condensação do vapor de água durante um banho quente deixa o vidro do boxe embaçado.

Tipos de vaporização

Tanto a roupa secando no varal quanto uma panela com água no fogo são situações nas quais ocorre o processo de vaporização: a água passa do estado líquido para o estado de vapor.

A vaporização que ocorre com as roupas secando no varal é chamada de evaporação. Já a vaporização que acontece com a fervura da água é denominada ebulição.

Mas há uma diferença entre essas duas situações. Com a roupa secando, o processo de vaporização acontece de forma **lenta** e independentemente da temperatura ambiente. Assim, recebe o nome de **evaporação**. Já a água fervendo é um exemplo de vaporização **rápida**, um processo chamado de **ebulição**. A ebulição acontece a partir de uma temperatura específica; no caso da água, a temperatura é de 100 °C em região no nível do mar.

Temperatura: medida em graus que indica se algo está quente ou frio.

Também quero fazer

Formação da chuva

Há relação entre os processos de evaporação e condensação e a formação da chuva? Anote suas ideias.

Material:
- 2 copos com água;
- elástico;
- pedaço de papel filme ou plástico para cobrir o copo.

Modo de fazer
1. Tampe um dos copos e deixe o outro aberto.
2. Coloque os dois copos com água em um canto da sala e observe-os depois de dois dias.

Conclusão
1. Em qual copo ocorreu evaporação da água? Por quê?

_____
_____

2. Em qual copo ocorreu condensação? Justifique.

_____
_____
_____
_____

3. Suas ideias iniciais se confirmaram? Explique.

_____
_____

102

O ciclo da água

Sabemos que a chuva cai das nuvens, não é? Mas para que isso ocorra, deve acontecer a evaporação da água da superfície da Terra, que ocorre por causa do calor do Sol e da ação dos ventos.

Para compreender o ciclo da água, observe a imagem a seguir.

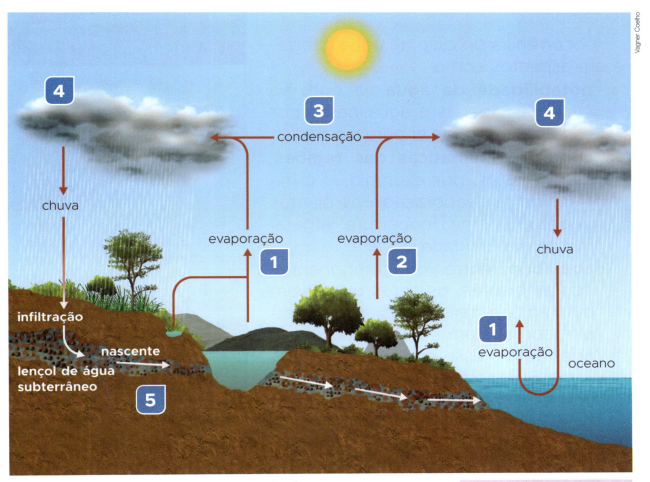

Representação simplificada do ciclo da água.

Os tons de cores utilizados na ilustração e as dimensões não são reais.

1. A água dos rios, lagos, mares e do solo evapora constantemente devido à ação do Sol e dos ventos.

2. Pela transpiração e pela respiração, os seres vivos perdem água, que também evapora.

3. Todo esse vapor de água sobe e se condensa nas camadas mais frias da atmosfera transformando-se em água líquida e formando as nuvens. Em algumas nuvens, as gotículas de água líquida se solidificam e formam pedrinhas de gelo.

4. Quando as nuvens estão bem "pesadas", a água cai em forma de chuva ou de granizo. Esse processo se chama precipitação.

5. Ao atingir a superfície do planeta, a água da chuva penetra no solo e alimenta as nascentes dos rios, os reservatórios subterrâneos e os oceanos.

Importância do ciclo da água

Uma das maiores preocupações da sociedade atual é o risco de a água acabar. Ao estudar o ciclo da água, vê-se que isso não vai ocorrer. Porém, a qualidade desse líquido muda com o passar do tempo.

A ocorrência do ciclo da água interfere em aspectos como:

- **potabilidade da água**, já que, ao evaporar, apenas a água passa por esse processo, as impurezas não;
- **condições climáticas das regiões**; nas florestas, por exemplo, o clima é úmido; a evaporação das plantas que compõem a cobertura vegetal mantém a umidade do ar;
- **equilíbrio** entre os componentes dos ambientes; os seres que vivem em regiões mais secas, por exemplo, apresentam características que possibilitam esse equilíbrio;
- a época de semear na **agricultura**, já que a chuva é necessária para a germinação das sementes.

Rio poluído pela ação humana

O jerboa é um roedor que habita regiões desérticas, ou seja, nas quais chove pouco.

Quando não há sistema artificial de irrigação, a chuva é imprescindível para o desenvolvimento da agricultura.

As imagens não estão representadas na mesma proporção.

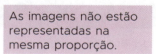
Atividade

1. Compare a atividade prática sugerida na página 102 com o ciclo da água. Que relação você percebe entre o copo de água que estava tapado e o ciclo?

_____

_____

_____

104

De onde vem a água que você consome?

Você já parou para pensar nisso?

É comum as pessoas obterem água apenas abrindo uma torneira. Mas outras pessoas têm de andar muito para obter esse recurso.

Independentemente de como se obtém água – vinda pelos encanamentos das residências ou sendo coletada de algum lugar – a fonte de água para consumo é chamada **manancial**.

Homem pegando água em açude. Monteiro, Paraíba, 2016.

Manancial é qualquer fonte de água, seja superficial ou subterrânea, que pode ser usada para o abastecimento da população. Assim, rios, lagos, represas e lençóis freáticos são exemplos de mananciais.

As imagens não estão representadas na mesma proporção.

A Barragem de Morrinhos (Poções, Bahia, 2016) à esquerda; a cacimba na Ilha do Passeio (Araioses, Maranhão, 2008) ao centro; e à direita o açude na caatinga (Cabrobó, Pernambuco, 2016) são exemplos de mananciais.

Em alguns lugares, as pessoas pegam água diretamente dos mananciais para beber e cozinhar. Nesses casos, é importante saber se a água é própria para consumo e só utilizá-la após um processo de tratamento caseiro. Nesse tratamento, a água deve ser filtrada e, depois, fervida ou tratada com cloro.

O tratamento da água

Em algumas cidades, para que chegue às residências e esteja própria para consumo, a água passa por tratamento. Esse processo é feito em uma **Estação de Tratamento de Água – ETA**.

Estação de Tratamento de Água (ETA), sistema Guarapiranga, Zona Sul de São Paulo, São Paulo, 2017.

Nesses locais, a água passa por tanques e filtros, nos quais será tratada; depois recebe produtos químicos para matar os microrganismos que podem causar doenças e só então é disponibilizada para consumo.

1. Relacione os números da imagem às etapas do processo de captação, tratamento e distribuição de água.

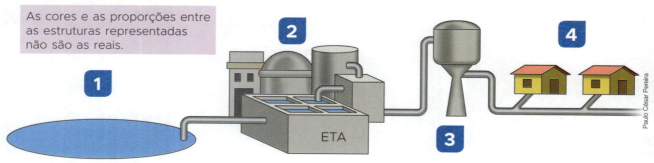

Esquema simplificado de captação, tratamento e distribuição da água.

- ☐ O reservatório contém água tratada.
- ☐ A água chega às casas da população.
- ☐ A água é recolhida do manancial.
- ☐ A água é purificada na Estação de Tratamento de Água (ETA).

O que acontece com a água suja?

A água que foi usada pelas pessoas no banheiro, para lavar louças e em outras atividades, forma o **esgoto**.

Em muitos lugares, essa água cai nos ralos e corre por canos até chegar a uma caixa de esgoto.

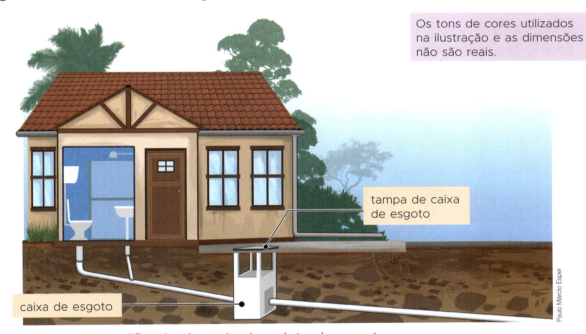

Os tons de cores utilizados na ilustração e as dimensões não são reais.

Esquema simplificado de rede de coleta de esgoto.

1. E depois da caixa de esgoto, para onde vai a água utilizada? Converse com os colegas e o professor.

O ideal é que o esgoto produzido pela população seja coletado pela rede de esgotos e encaminhado para uma **Estação de Tratamento de Esgoto – ETE**. Nessas estações, o esgoto passa por alguns processos e depois a água, já "limpa", pode ser lançada novamente em rios.

A água proveniente do tratamento de esgoto também pode ser usada para lavar ruas ou em indústrias no resfriamento de máquinas, por exemplo.

Vista aérea da Estação de Tratamento de Esgoto (ETE). Rio de Janeiro, Rio de Janeiro, 2015.

107

> **Giramundo**

Soltando a voz pela água

Além de emocionar as pessoas, a música é uma forma de sensibilizá-las e transmitir mensagens importantes a respeito de determinado tema. No caso da água, muitas canções foram criadas para valorizar esse rico recurso e ressaltar a necessidade de se cuidar dele.

O compositor e cantor Guilherme Arantes compôs uma das mais famosas músicas em homenagem à água. Chama-se *Planeta água*.

A dupla do Palavra Cantada tem muitas canções que agradam às crianças. Entre elas há uma que destaca a importância da água para a manutenção da vida. Chama-se *Gotinha em gotinha*.

Uma canção valorizando a água foi composta para ser gravada pela Turma da Mônica. O título é *Economizar água*.

1. Que tal soltar a voz pela água? O professor organizará a turma em grupos e cada um sorteará uma música cujo tema seja a valorização da água.

   • Pesquisem a letra e a melodia na internet.

   • No dia determinado pelo professor, os grupos se apresentarão e explicarão o significado da canção.

Também quero fazer

Dissolve ou não?

A água pode dissolver qualquer substância? Anote suas ideias.

Material:
- 2 copos com água;
- 1 colher de chá de açúcar;
- 1 colher de chá de óleo.

Modo de fazer

1. Coloque o açúcar em um dos copos com água. Despeje o óleo na água do outro copo.
2. Depois agite a mistura com a colher e espere pelo menos 2 minutos.
3. Observe e desenhe como ficou cada mistura.

Conclusão

Depois de realizar a atividade, suas ideias se confirmaram? Explique.

Solvente universal

A água é conhecida como solvente universal por ter uma propriedade muito importante: ela é capaz de dissolver grande variedade de substâncias, como sais minerais, proteínas e açúcares, por exemplo. Mas é importante saber que isso não significa que a água dissolve todas as substâncias que existem.

Água não dissolve tudo

Muitas substâncias se dissolvem na água. Se colocarmos uma colher de sal em um copo cheio de água, por exemplo, o sal dissolvido na água fica "invisível". Se experimentarmos a água, é possível perceber o gosto e verificar que o sal ainda está lá.

Mas como você viu na atividade da página 109, há substâncias que não se dissolvem na água. É o caso, por exemplo, do óleo de cozinha e da areia. Eles são insolúveis em água. Observe.

Água e óleo e água e areia não se misturam. É possível perceber com facilidade a presença dessas substâncias na água.

Atividade

1. Pesquise exemplos de substâncias insolúveis em água, ou seja, as que não se dissolvem nesse líquido. Anote o resultado da pesquisa e apresente-o à turma.

O que estudamos

- A camada de ar que envolve a Terra é a atmosfera.
- O ar atmosférico é uma mistura de vários gases, por exemplo, gás oxigênio, gás carbônico e vapor de água.
- O ar tem as seguintes propriedades: ocupa espaço, tem "peso", pode ser comprimido e tem elasticidade.
- A quantidade de água no planeta Terra disponível para consumo é reduzida.
- A água pode estar em três estados: sólido, líquido e gasoso.
- As mudanças de estados físicos têm nomes específicos: solidificação; fusão; vaporização e condensação.
- Na natureza, a água passa continuamente por um processo chamado ciclo da água. Nesse ciclo, que nunca para, a água passa de um estado físico para outro.
- Os reservatórios que fornecem água para a população são os mananciais.
- As estações de Tratamento de Água (ETAs) tornam a água potável.
- Depois de usada, a água forma o esgoto, que deve ser tratado nas Estações de Tratamento de Esgoto (ETEs).
- Algumas substâncias são solúveis em água, outras são insolúveis.

A água vaporiza e condensa constantemente durante o ciclo da água. Chuva no Cânion do Rio Preto. Parque Nacional da Chapada dos Veadeiros, Alto Paraíso de Goiás, Goiás, 2017.

Retomada

1. Analise as imagens a seguir e responda ao que se pede.

a) Em quais imagens é possível verificar a presença de água? Cite exemplos.

_____
_____
_____
_____

b) Qual imagem mostra a forma mais abundante de água no planeta?

_____
_____

c) Em qual imagem a água é apropriada para o consumo humano? Justifique sua resposta.

_____
_____
_____

112

2. Você está diante de Charles, o detetive dos estados físicos! Leia as perguntas que os alunos do 3º ano fizeram para ele e ajude-o a decifrar os mistérios a seguir.

a) "Charles, deixei água fervendo em uma panela para fazer chá e fui regar as plantas. Quando voltei, a água tinha desparecido! O que aconteceu com ela?"

_____

_____

_____

b) "Caro Charles, preciso de sua ajuda. Tento levar gelo para a escola para colocar no meu suco na hora do intervalo. Mas quando vou pegá-lo, está transformado em água líquida! Por que isso acontece?"

_____

_____

_____

c) "Detetive Charles, por que quando eu respiro próximo de um vidro ele fica embaçado?"

_____

_____

_____

3. A água é um componente importante nos ambientes. Mas o que pode acontecer se começar a chover em um local e não parar mais?

_____

_____

_____

113

Periscópio

📖 Para ler

As aventuras de uma gota-d'água, de Samuel Murgel Branco. São Paulo: Moderna, 2011.
Essa narrativa conta as incríveis aventuras de uma gota-d'água desde as nuvens até o oceano!

A água, de Israel Felzenszwalb e David Palatnik. Cidade Vieira & Lent Casa Editorial, 2011.
Por que a água é tão importante? Se o planeta é quase todo coberto por água, por que o chamamos de Terra? Ao ler este livro, você descobrirá as respostas!

👆 Para acessar

Consciência ambiental – Água: vídeo produzido pela TV Escola que mostra um projeto que propiciou maior desenvolvimento econômico e preservação ambiental.
Disponível em: <https://tvescola.mec.gov.br/tve/video/consciencia-ambiental-agua>.
Acesso em: 10 jan. 2018.

Turma da Mônica – Uso racional da água e saneamento básico: história em quadrinhos da Turma da Mônica que trata de diversas situações envolvendo o uso e tratamento da água.
Disponível em: <http://turmadamonica.uol.com.br/uso-racional/>. Acesso em: 10 jan. 2018.

📍 Para visitar

Estação de tratamento de água – ETA.
Descubra se em sua cidade há uma estação de tratamento de água e agende uma visita. Lá você poderá ver de perto todo o processo de tratamento da água.

Sol, Terra e Lua

Observe as imagens a seguir. Circule na segunda imagem indícios que provem que o tempo passou.

115

Dia e noite ao mesmo tempo?

Pense e converse

- Que resposta você daria à menina? Converse com os colegas.
- Em que outras situações é possível as pessoas estarem em diferentes horários do dia ao mesmo tempo? Comente suas ideias com os colegas e o professor.

O Sol ilumina a Terra

A sucessão de dias e noites nunca para. É exatamente a presença e a ausência do Sol no céu que determina se é dia ou noite.

Igreja da Pampulha vista durante o dia. Belo Horizonte, Minas Gerais, 2005.

Igreja da Pampulha vista durante a noite. Belo Horizonte, Minas Gerais, 2009.

- Procure explicar aos colegas e ao professor por que durante um período o Sol não está visível no céu.

1. Para haver dias claros e noites escuras com brilho da Lua, ocorre um fenômeno do qual participam os três astros mostrados a seguir. Escreva o nome deles.

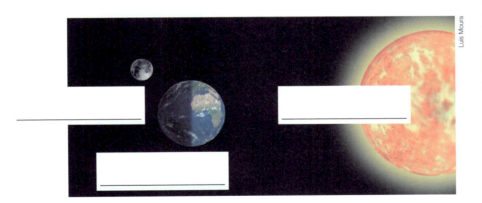

As cores e as proporções entre as estruturas representadas não são as reais.

a) Um desses astros está emitindo luz. Qual astro é esse?

_____

b) Os dois astros que estão sendo iluminados são a _____

e a _____.

117

Também quero fazer

A Terra e o Sol

Nesta atividade, você e três colegas farão uma representação do movimento da Terra em torno do Sol. Em seguida, respondam às questões.

Material:
- um globo terrestre;
- uma lanterna;
- alfinetes de cabeça colorida.

Modo de fazer

Parte 1

1. Reúna-se com três colegas, depois escolham um local no globo terrestre e fixem um alfinete nele.

2. Com a supervisão do professor, mantenham a sala de aula o mais escura possível.

3. Um de vocês deve manter a lanterna apontada para o globo, enquanto o outro vai girando-o lentamente. O terceiro colega observa o que acontece com a região onde está o alfinete. Repitam essa etapa trocando de lugar para que todos possam observar o que acontece.

Conclusão

1. O giro do globo terrestre representa o movimento da Terra. E a lanterna, o que representa?

_____

- Vocês acham que, nesta atividade, conseguiram representar o dia e a noite na Terra? Por quê?

_____

_____

2. De que depende a formação do dia e da noite?

_____

_____

Parte 2

1. Localizem no globo terrestre o Brasil e o Japão.
2. Coloquem um alfinete em cada um desses países para demarcá-los e respondam às questões.
3. Repita os procedimentos 1 e 2 recomendados na Parte 1 da atividade.

1. Observem na representação do globo terrestre a localização do Brasil e do Japão. É possível, ao mesmo tempo, ser dia no Brasil e no Japão? Por quê?

_____

_____

_____

2. Volte à página 116 e reveja a resposta que você daria à menina. Você citou o movimento que a Terra realiza no próprio eixo para explicar por que no Japão é manhã enquanto no Brasil é noite?

   Enquanto é meio-dia em Brasília – capital do Brasil –, em Tóquio – capital do Japão – é meia-noite!

Brasília, Distrito Federal, Brasil, 2009.

Tóquio, Japão, 2017.

119

Rotação da Terra

As cores e as proporções entre as estruturas representadas não são as reais.

Durante muito tempo, as pessoas estudaram o céu para entender como ocorriam os dias e as noites. Hoje sabe-se que a Terra se movimenta no espaço girando em torno de si mesma em um eixo imaginário, como se fosse um pião. Observe:

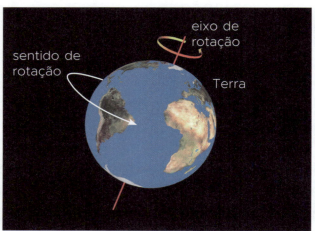

Pense no prego ao redor do qual o pião gira e em um eixo imaginário "espetado" na Terra, como se fosse o prego do pião.

Esse movimento do planeta Terra é chamado de **rotação** e demora aproximadamente 24 horas para se completar. Dele resultam os **dias** (períodos claros), e as **noites** (períodos escuros). Assim, ficou estabelecido que a duração de um dia inteiro é o tempo em que a Terra completa sua rotação, ou seja, cerca de 24 horas.

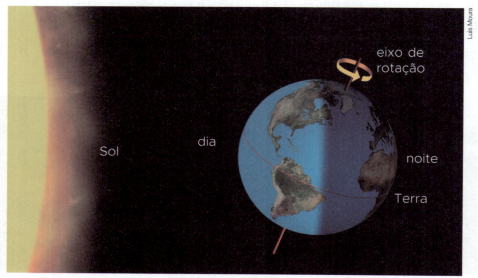

Na parte iluminada, é dia. Na parte escura, ou não iluminada, é noite.

O Sol não ilumina toda a Terra ao mesmo tempo. Quando ela gira em torno de si mesma, um lado fica exposto ao Sol e outro fica no escuro. Como esse movimento é constante, o lado iluminado passa a não receber mais a luz do Sol depois de algumas horas.

Para você entender o que acontece com a luz do Sol que chega à Terra ao longo das 24 horas do dia, preste atenção ao ponto vermelho destacado em cada um dos três esquemas a seguir. Depois, explique detalhadamente o que aconteceu com esse ponto nas situações 1, 2 e 3 representadas a seguir.

As cores e as proporções entre as estruturas representadas não são as reais.

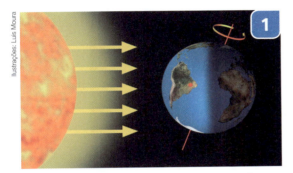

Esquema simplificado do Sol e da Terra (instante 1).

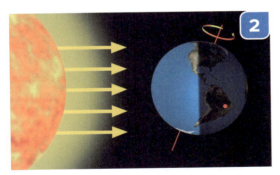

Esquema simplificado do Sol e da Terra (instante 2).

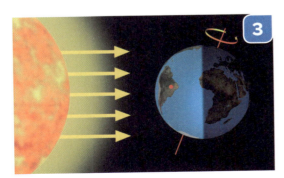

Esquema simplificado do Sol e da Terra (instante 3).

121

Para saber mais

Estrelas no céu durante o dia?

Você sabia que as estrelas estão no céu também durante o dia? Só que não conseguimos enxergá-las.

Durante o dia, a única estrela que conseguimos ver é o Sol.

O que impede de serem vistas é justamente a presença de outra estrela, o Sol.

O Sol é a estrela mais próxima do planeta Terra. As outras estrelas, que vemos pequeninas no céu, estão, na verdade, muito mais distantes.

À noite podemos ver outras estrelas porque não há a luz do Sol para ofuscá-las.

O mesmo movimento de rotação da Terra que permite chegar até nós a luz do dia também nos traz a noite, ou seja, a ausência da luz, quando estamos do lado oposto do Sol.

Atividades

1. Dois colegas, Neide e Zeca, fazem na escola uma atividade de demonstração da causa do dia e da noite no planeta Terra. Em um ambiente escurecido, Neide segura uma bola, enquanto Zeca segura uma lanterna. Observe a imagem, depois responda ao que se pede.

a) A bola representa o planeta _____.

b) A lanterna representa o _____.

c) Eles estão fazendo uma representação do movimento de _____ da _____.

d) Para demonstrar corretamente o fenômeno, quem precisa fazer movimento? Por quê?

_____

_____

2. Assinale verdadeiro (V) ou falso (F) nas afirmações relacionadas ao movimento da Terra.

☐ A rotação é um movimento do planeta Terra.

☐ Durante o movimento de rotação, o planeta gira em torno de um eixo imaginário chamado eixo terrestre.

☐ A sucessão de dias e noites é resultado do movimento do Sol ao redor da Terra.

123

Órbita da Terra e da Lua

A rotação é um dos movimentos que a Terra faz no espaço. Além dele, há, por exemplo, a **translação**, por meio do qual a Terra gira ao redor do Sol.

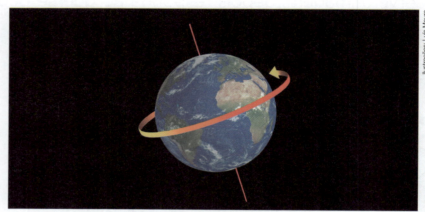

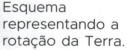

As cores e as proporções entre as estruturas representadas não são as reais.

Esquema representando a rotação da Terra.

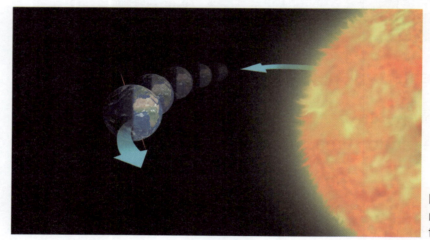

As setas que representam os movimentos da Terra são imaginárias; elas foram colocadas para que você pudesse "enxergar" esses movimentos.

Esquema representando a translação da Terra.

O caminho percorrido por um astro ao redor de outro é chamado de **órbita**. Assim, pode-se dizer que a Terra orbita o Sol.

A Lua, por sua vez, executa uma órbita em torno da Terra.

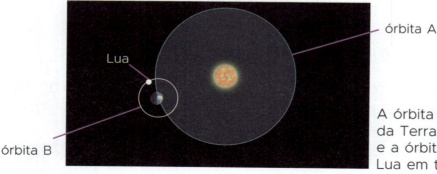

A órbita **A** mostra a órbita da Terra ao redor do Sol, e a órbita **B**, a órbita da Lua em torno da Terra.

A Terra demora aproximadamente 365 dias para completar uma volta em torno do Sol. Assim, ficou estabelecido que a duração de um ano é o tempo em que a Terra completa sua translação, ou seja, cerca de 365 dias.

Nem sempre as pessoas pensaram assim. Durante muito tempo, a humanidade acreditou que tudo se movia em torno da Terra.

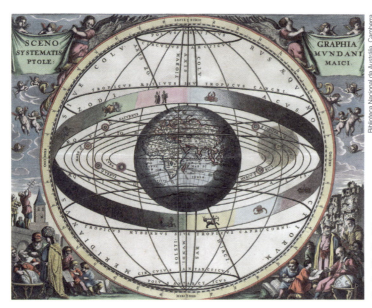

Representação do modelo geocêntrico, em que a Terra é o centro do Universo.

No século XVI, Galileu Galilei retomou a teoria de Nicolau Copérnico de que o Sol está no centro do Sistema Solar e que a Terra e os demais planetas se movem em torno dele.

Galileu Galilei, físico, matemático, astrônomo e filósofo italiano, viveu de 1564 a 1642.

Representação do Modelo Heliocêntrico, no qual os planetas giram ao redor do Sol.

125

Giramundo

Estações do ano

Estas fotografias são do mesmo local – a cidade de Atibaia, no estado de São Paulo – tiradas em diferentes épocas do ano.

Árvores conhecidas como plátano durante a primavera. Atibaia, São Paulo, outubro de 2015.

Árvores conhecidas como plátano no verão. Atibaia, São Paulo, fevereiro de 2015.

Árvores conhecidas como plátano durante o outono. Atibaia, São Paulo, abril de 2015.

Árvores conhecidas como plátano no inverno. Atibaia, São Paulo, junho de 2015.

1. Que diferenças você percebe no plátano em cada uma das estações do ano?

   _____

2. Por que essas modificações aconteceram?

   _____
   _____

126

Lembra-se do pintor italiano Arcimboldo que você conheceu na Unidade 1? Veja a seguir como o artista usou elementos da natureza para representar as estações do ano da região onde ele morava.

Giuseppe Arcimboldo. *As quatro estações*, 1573.
Óleo sobre tela, 76 cm × 64 cm.

Em cada tela da série *As Quatro Estações*, de 1573, Arcimboldo representou uma das estações do ano. A pintura "A primavera", por exemplo, é composta basicamente de flores.

3. Agora é sua vez de representar como são as estações do ano em sua região. Para tanto, siga as orientações abaixo.
   - Procure fotografias ou recortes de jornal que representem as características das estações do ano em sua região. Elas podem referir-se ao aumento das chuvas, ou à redução delas, às mudanças na vegetação ou ao tipo de frutas da época.

4. Com os colegas e o professor, monte uma exposição com os trabalhos.

Também quero fazer

Observação da Lua

Como a Lua aparece no céu ao longo de dois meses? Anote suas ideias.

_____

_____

_____

Você e os colegas realizarão uma atividade de observação da Lua por dois meses, com a orientação do professor.

Lua cheia. Observada de Goiânia, Goiás, 2015.

Material:
- folhas de papel sulfite ou do caderno para registro;
- caneta ou lápis;
- se possível, máquina fotográfica ou telefone celular.

Modo de fazer

Você pode realizar a observação de qualquer lugar, mas deverá aguardar até escurecer. O horário pode variar, mas é importante escolher sempre um horário no início da noite.

1. Desenhe a Lua como você a vê e na posição em que ela está em relação ao horizonte.
2. Repita a observação e desenhe todos os dias, durante dois meses, sempre no mesmo horário, a forma da Lua e sua posição.
3. Monte uma tabela para fazer esse registro. Pode ser no caderno ou em folhas avulsas, para formar um caderninho grampeado. Use como modelo a tabela da página seguinte para o registro da primeira semana. Faça mais sete tabelas como esta. Desse modo, você terá espaço para o registro da forma da Lua por dois meses, ou seja, cerca de 60 dias.

Tabela semanal para registro da forma da Lua			
Dia	Data	Forma	Posição
1			
2			
3			
4			
5			
6			
7			

Conclusão

1. Relate, resumidamente, que mudanças você pôde observar na Lua ao longo desses dois meses.

_____
_____
_____
_____

129

 Lua

Outro elemento do espaço que faz parte da vida das pessoas é a Lua. Ela não é uma estrela, mas é possível vê-la porque **reflete** a luz que recebe do Sol.

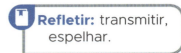

Observe como a Lua foi representada nas obras de arte a seguir.

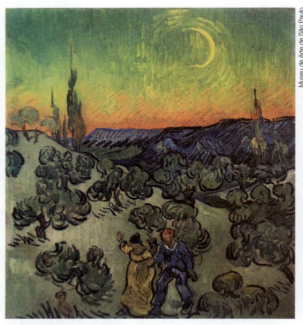

Vicent Van Gogh. *Passeio ao crepúsculo e Lua crescente*, 1890. Óleo sobre tela, 49,5 cm × 45,5 cm.

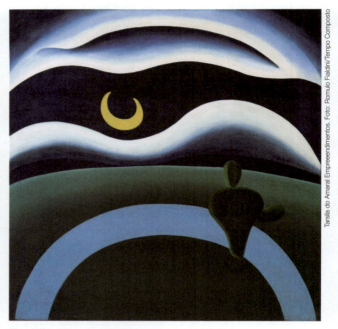

Tarsila do Amaral. *A Lua*, 1928. Óleo sobre tela, 110 cm × 110 cm.

Depois de observar as imagens, responda às perguntas propostas.

1. Os artistas representaram a Lua da mesma maneira? Você já viu a Lua com essa forma?

_____

_____

2. Como você explica o fato de a Lua ter sido representada de forma diferente de uma pintura para outra?

_____

_____

 Lunação

No decorrer da atividade, você deve ter percebido que a aparência da Lua no céu muda um pouco todas as noites. Todos os meses a Lua passa por um ciclo, no qual sua aparência aumenta de tamanho até ela ficar toda iluminada; depois, a Lua vai diminuindo, até desaparecer. Observe o calendário que mostra as mudanças da Lua ao longo do mês de dezembro de 2019 no Hemisfério Sul. Cada imagem mostra uma fase da Lua.

As cores e as proporções entre as estruturas representadas não são as reais.

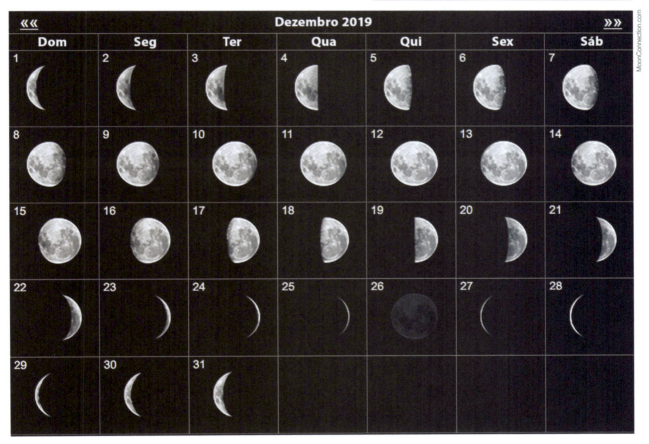

Lua representada ao longo de um mês.

O ciclo da Lua tem duração aproximada de um mês (29 dias e meio). Nele, quatro fases recebem nomes especiais.

As fases da Lua. A parte branca representa a parte iluminada (visível).

131

Giramundo

O olhar dos indígenas sob o céu brasileiro

Imagine se o relógio de cada aluno marcasse uma hora diferente dos demais! Os alunos jamais chegariam juntos à escola, certo? Por isso, é preciso que haja um horário comum, ou seja, uma unidade de tempo que vale para um grupo de pessoas, que pode ser do mesmo país, mesma religião ou mesmo povo.

Assim como nós, os indígenas adotaram unidades de tempo e espaço... Aliás, elas se parecem muito com as nossas!

Não é à toa. Afinal, as unidades de tempo e espaço indígenas foram estabelecidas de acordo com os ciclos dos corpos celestes. Como assim?

Bem, há cerca de 4 mil anos, os indígenas já percebiam que os fenômenos naturais se repetiam: o dia é seguido da noite; o mar sobe e desce constantemente; em algumas épocas do ano, faz frio, em outras chove muito e, de tempos em tempos, tudo recomeça! Eles observaram que havia certa coincidência entre os ciclos da natureza e os movimentos aparentes do Sol e da Lua ou pela posição de certas estrelas no céu.

E não pararam por aí! Notaram, ainda, que tais ciclos influenciam o comportamento dos seres vivos. Isto é, conforme a época do ano, por exemplo, as árvores florescem, os animais procriam e os frutos germinam. Com base nessas observações, os indígenas procuraram definir o melhor momento para plantar e colher alimentos, caçar, pescar e até comemorar datas especiais.

Criaram objetos com funções parecidas com as do nosso relógio e calendário para organizar suas atividades ao longo do ano.

Pode-se dizer que foi o Sol que mais despertou a atenção dos indígenas. A maioria dos indígenas brasileiros mede o tempo com base no movimento aparente desse astro no céu usando o Relógio Solar.

Esse tipo de relógio é feito de uma haste cravada verticalmente no chão que mostra as horas pela posição da sombra projetada num terreno horizontal. O instrumento também possibilita identificar as estações do ano e os pontos cardeais — norte, sul, leste e oeste — pela posição do nascer e do pôr do sol, que varia ao longo do ano.

Pintura rupestre na Gruta do Janelão que representa o Sol. Parque Nacional Cavernas do Peruaçu, Januária, Minas Gerais, 2017.

133

Atividades

1. Faça as relações corretamente e ajude Tatiana a compreender melhor os movimentos desenvolvidos pela Terra no espaço.

   Translação

   - A Terra demora aproximadamente 365 dias para completar uma volta em torno do Sol.
   - A Terra dá uma volta em torno de si mesma em 24 horas.
   - A duração de um ano é o tempo que a Terra leva para completar sua translação, ou seja, cerca de 365 dias.

   Rotação

   - A duração do dia compreende as horas de claro e de escuro consecutivamente, ou seja, um dia e uma noite.

2. Uma empresa chamada Brasil Pedras Preciosas está tentando telefonar para uma empresa, em outro país, chamada Japão Joias, mas ninguém atende!

   a) Observe a imagem a seguir e escreva o nome da empresa indicada pelas letras A e B.

   As cores e as proporções entre as estruturas representadas não são as reais.

   _____
   _____
   _____
   _____

   b) Por que provavelmente a empresa Brasil Pedras Preciosas telefona para a Japão Joias e ninguém atende?

   _____
   _____
   _____

134

O que estudamos

- A sucessão de dias e noites é marcada pela presença ou ausência do Sol no céu.
- A Terra gira em torno de si mesma no espaço, como se tivesse um eixo imaginário.
- Ao girar em torno de si mesma, a Terra expõe um lado dela ao Sol enquanto o outro fica no escuro. Como esse movimento é constante, o lado iluminado, com o passar das horas, passa a não receber mais a luz do Sol.
- A Terra demora, aproximadamente, 365 dias (aproximadamente um ano) para completar uma volta em torno do Sol.
- Esse movimento da Terra é chamado movimento de translação. A translação é um dos fatores que leva a ocorrência das estações do ano: primavera, verão, outono e inverno.
- A humanidade acreditava que tudo se movia em torno da Terra. Galileu Galilei criou o modelo heliocêntrico, no qual o Sol ficava no centro do Sistema Solar, e que a Terra e os demais planetas se movem em torno dele.
- A Lua não é uma estrela, mas é possível vê-la porque ela reflete a luz que está recebendo do Sol.
- A aparência da Lua no céu muda um pouco todas as noites.

Lua minguante no início da noite.

Retomada

1. Complete o desenho da imagem de modo que a órbita da Terra em volta do Sol fique representada corretamente. Em seguida, responda:

a) O que é órbita?

As cores e as proporções entre as estruturas representadas não são as reais.

Sol

Terra

Ilustrações: Luís Moura

_____
_____
_____
_____
_____

b) Qual é o nome do movimento da Terra que você representou?
_____

2. Na mesma época do ano em que é verão em um hemisfério é inverno em outro. Preencha o quadro informando a estação do ano de acordo com o hemisfério em que cada cidade está localizada.

 João Pessoa, Paraíba, em junho	 João Pessoa, Paraíba, em dezembro	 Michigan, Estados Unidos, em junho	 Michigan, Estados Unidos, em dezembro

3. Onde você mora é possível perceber durante o ano muitas diferenças na paisagem? Converse com os colegas e o professor.

4. Faça um desenho da Lua na fase de Lua cheia e na fase de Lua quarto minguante.

5. Leia as dicas a seguir para descobrir as palavras que completam o diagrama.

W	N	H	R	O	T	A	Ç	Ã	O	W	F	B	C	A	S	Q	D	A	F
Q	O	G	D	F	H	T	M	J	V	C	O	U	T	O	N	O	R	F	Q
D	V	D	E	S	A	D	Q	G	V	S	A	D	G	R	J	U	K	K	I
F	A	S	F	A	G	A	L	I	L	E	U	G	A	L	I	L	E	I	E
T	R	A	N	S	L	A	Ç	Ã	O	Q	E	F	A	S	V	X	A	D	Q

Estação do ano que sucede o verão: _____

Fase da Lua em que não é possível vê-la no céu à noite: _____

A Terra demora aproximadamente 365 dias para completar uma volta em torno do Sol, no chamado movimento de _____.

Movimento que a Terra desenvolve em torno de si mesma: _____.

Cientista italiano que desenvolveu o modelo heliocêntrico: _____.

Periscópio

📖 Para ler

O caminho do Sol no céu, de Vanessa Queiroz e outros. Londrina: Eduel, 2012.
O livro explica como ocorre o movimento aparente do Sol, a orientação pelos pontos cardeais, e dá outras noções básicas de astronomia.

O Livro de Ouro do Universo, de Ronaldo Rogério de Freitas Mourão. Rio de Janeiro: HarperCollins Brasil, 2º edição, 2016.
É um livro lúdico, mas que dá muito destaque para fatos históricos da astronomia e mesmo para o folclore e obras artísticas derivadas da Astronomia, sendo o seu diferencial.

👆 Para acessar

De onde vem o dia e a noite? TV escola. Episódio nº 8 da série de animação da personagem Kika, que desta vez responde à pergunta que dá nome ao programa. Disponível em: <http://tvescola.mec.gov.br/tve/video/de-onde-vem-de-onde-vem-o-dia-e-a-noite>. Acesso em: 28 mar. 2017.

📍 Para visitar

Planetário da Fundação Espaço Cultural da Paraíba. João Pessoa, Paraíba.
Esse planetário oferece projeção de planetas, estrelas, constelações, galáxias e outros astros, além de realizar atividades educacionais relacionadas à Astronomia e à Geologia.

Para mais informações, acesse: <http://funesc.pb.gov.br/?p=130>.

138

UNIDADE 7
Observando parte do Universo

As cores e as proporções entre as estruturas representadas não são as reais.

1. Ligue os pontos numerados e descubra as figuras formadas.

139

O céu à noite

Observe atentamente as imagens a seguir.

Nascer do Sol em uma praia.

Céu noturno em uma região com pouca iluminação.

Vista noturna de uma cidade iluminada.

Pôr do Sol no litoral.

Pense e converse

- Em qual das imagens é possível visualizar mais astros no céu? Justifique sua resposta.
- Dê outros exemplos aos colegas e ao professor do que é possível ver no céu à noite e que não se vê durante o dia.

Alguns componentes do Universo

Na unidade anterior, você aprendeu que a Terra gira em torno do Sol. Além dela, outros sete planetas fazem esse movimento. O Sol e o conjunto de astros que orbitam em torno dele formam o **Sistema Solar**. O Sistema Solar está localizado na galáxia **Via Láctea**, que é apenas uma dos dois trilhões de galáxias existentes no Universo.

Ao olhar para o céu em uma região em que há pouca iluminação artificial, é possível ver milhares de pontos brilhando. A maioria deles é de estrelas muito distantes da Terra.

O Universo é composto de estrelas, planetas, cometas, nebulosas, asteroides, meteoroides, galáxias, buracos negros, entre outros elementos.

1. De que maneira os cientistas conseguem obter informações sobre o espaço sideral? Explique a seus colegas como você supõe que os cientistas desenvolveram esse conhecimento e ouça a opinião deles.

Um pouco da história da Astronomia

Luísa e Pedro participaram da uma visita ao planetário mais próximo de sua cidade e ficaram entusiasmados com o que viram. Voltaram de lá decididos a estudar mais sobre Astronomia.

A Astronomia é a ciência que se dedica ao estudo do universo e dos corpos celestes no espaço e no tempo, e que busca compreender os movimentos deles.

- Você já foi a um planetário? Se visitou algum, compartilhe com seus colegas e professor o que você viu lá.

Observe as imagens e leia algumas informações sobre Astronomia que se pode encontrar em um planetário.

Breve história da Astronomia

Durante muito tempo, a observação das estrelas, da aparência da Lua e da ocorrência dos dias e das noites contribuiu para a vida das pessoas e até hoje isso acontece. Foi a observação da posição da Lua e das estrelas que permitiu aos viajantes se localizarem durante as navegações pelos mares e expedições pelos desertos.

Acompanhe alguns eventos importantes sobre a astronomia.

As imagens não estão representadas na mesma proporção.

Os registros astronômicos mais antigos datam de aproximadamente 3000 antes de Cristo (a.C.) e se devem aos chineses. Os chineses sabiam a duração do ano e usavam um calendário de 365 dias.

Naquela época, os astros eram estudados com objetivos práticos, como medir a passagem do tempo e fazer calendários para prever a melhor época para o plantio e a colheita.

142

Os maias, na América Central, também tinham conhecimentos de calendário e de fenômenos celestes.

O observatório de Chankillo é o mais antigo já descoberto nas Américas. Localiza-se no Peru e foi construído entre 200 e 300 anos a.C.

Os polinésios aprenderam a navegar por meio de observações celestes.

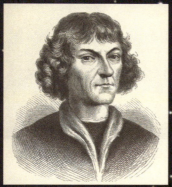

Depois de muito tempo e das descobertas de outros astrônomos, Copérnico (1473-1543), considerado o fundador da Astronomia moderna, foi o primeiro a apresentar um modelo matemático de que a Terra e os demais planetas giravam em torno do Sol.

Na Grécia, de 600 a.C. a 400 d.C., os gregos imaginaram que a **esfera celeste** girava em torno de um eixo passando pela Terra. Observaram que todas as estrelas giram em torno de um ponto fixo no céu e consideraram esse ponto como uma das extremidades do eixo de rotação da esfera celeste.

Modelo proposto por Nicolau Copérnico, chamado modelo heliocêntrico, em que a Terra gira em torno do Sol.

Esfera celeste: é uma esfera imaginária que tem a Terra como centro. Nela são representados todos os corpos celestes que podem ser vistos no céu, como se estivessem em repouso na superfície dessa esfera.

143

Os planetários são espaços de estudo da Astronomia onde acontece a divulgação do conhecimento científico. Neles é possível projetar o céu estrelado, os planetas visíveis a olho nu, o Sol, a Lua e os cometas.

Projeção do Universo na cúpula do Planetário Municipal de Arapiraca e Casa da Ciência. Parque do Lago Perucaba, Arapiraca, Alagoas, 2012.

 **Para saber mais**

As cores e as proporções entre as estruturas representadas não são as reais.

Planetários no Brasil

Você sabia que no Brasil há planetários espalhados por todo o território?

O maior deles é o Planetário Municipal de Arapiraca e Casa da Ciência, localizado em Arapiraca, Alagoas. Ele foi inaugurado em 2012 e possibilita visualizar mais de 100 mil astros e fenômenos astronômicos.

Planetário Municipal de Arapiraca e Casa da Ciência. Parque do Lago Perucaba, Arapiraca, Alagoas, 2012.

144

Também quero fazer

Observação do céu

O que se deve fazer para observar o céu com mais detalhes? Anote suas ideias.

_____

_____

_____

Material:
- duas lentes de aumento com diâmetro de mais ou menos 3 cm;
- um tubo de papelão (pode ser de papel-toalha ou filme plástico);
- fita adesiva;
- tesoura sem ponta;
- lápis ou caneta;
- uma régua, trena ou fita métrica.

Parte 1

1. O professor irá ajudá-los a medir a distância que deve haver entre as duas lentes de aumento. Com a distância medida, marque dois pontos no tubo e corte-o, deixando 2 cm de sobra.
2. Com a tesoura, faça um pequeno corte (da largura das lentes) nas duas aberturas do tubo de papelão.
3. Encaixe as lentes. Caso elas tenham tamanhos diferentes, a maior lente deve ficar na frente do tubo e a menor, mais para trás. Prenda-as com a fita adesiva.

Vocês montaram uma luneta. Para saber se está funcionando, façam o seguinte teste: observem uma página de um livro e verifiquem se as imagens e o texto estão nítidos, mas de ponta-cabeça. Se estiverem assim, está tudo pronto para que vocês a utilizem.

145

Parte 2

O professor organizará um revezamento para que todos levem a luneta para casa e façam suas observações.

1. Em uma noite sem nuvens, escolha uma região do céu e observe-a a olho nu, ou seja, sem usar a luneta.
2. Depois, utilize a luneta e observe a mesma região.
3. Desenhe o que mais lhe chamou a atenção nas duas observações.

Conclusão

1. Depois de fazer a atividade, suas ideias se confirmaram? Explique.

_____

_____

2. Converse com os colegas e o professor sobre as seguintes questões:

   a) Que diferenças você percebeu ao observar o céu a olho nu e com a luneta?

   b) Você conseguiu identificar algum corpo celeste? Qual?

Instrumentos para enxergar mais longe

Galileu Galilei também contribuiu para o desenvolvimento da Astronomia. Há centenas de anos, esse cientista italiano foi o primeiro a examinar a Lua e o Sol com o auxílio de uma luneta, que é um conjunto de lentes acopladas em um tubo.

Com sua luneta, Galileu também descobriu os anéis de Saturno e as manchas do Sol.

Durante uma dessas observações, Galileu notou que a superfície da Lua era cheia de crateras, montanhas e planícies.

Atualmente, utilizam-se os **telescópios**, instrumentos que possibilitam observar objetos ainda mais afastados.

Hoje, os astrônomos contam com o auxílio de instrumentos avançados em seu trabalho. Além de telescópios com sistema de lentes coordenado por computadores, que possibilitam a captura de mais detalhes e informações, há satélites e outros meios de transporte que levam os telescópios mais potentes a diversas regiões do espaço. Mais adiante, você estudará melhor os atuais instrumentos astronômicos.

O telescópio capta uma quantidade de luz maior do que a pupila humana, possibilitando, assim, enxergar objetos com brilho muito fraco, que não são visíveis a olho nu.

1. Junte-se a um colega e acessem o *site* <http://planetarios.org.br/o-que-e-um-planetario/planetarios/> para pesquisar o planetário mais próximo do local em que vocês residem. Procurem também as informações a seguir.

   a) Onde se localiza o planetário ou o museu de Ciência mais próximo da cidade de vocês?
   _____

   b) Em que ano ele foi inaugurado?
   _____

   c) Que tipo de acervo existe nesse local?
   _____

   d) Registrem outras informações que julgarem interessantes.
   _____

Atividades

1. Você já utilizou ou viu alguém utilizar um instrumento que amplia algo muito pequeno para que se possa enxergar? Conte aos colegas.
_____
_____
_____

2. Você já utilizou algum instrumento que possibilita enxergar algo muito distante? Que instrumento era?
_____
_____
_____

3. Relacione os instrumentos à sua função na Astronomia.

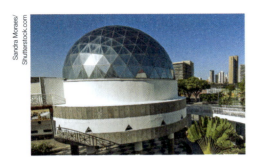
Planetário Rubens de Azevedo no Centro Dragão do Mar de Arte e Cultura (CDMAC). Fortaleza, Ceará, 2016.

- Instrumento utilizado para observar objetos afastados no céu à noite.

Luneta.

- Instrumento utilizado para observar objetos que estão muito afastados, ou seja, que não são observáveis por meio de instrumentos mais simples.

Telescópio.

- Local que também é um espaço de estudo da Astronomia, porém com finalidade didática.

4. Assinale verdadeiro (**V**) ou falso (**F**) para as afirmações relacionadas ao estudo do Universo.

☐ O estudo do Universo começou recentemente, com a criação de instrumentos de observação.

☐ Os corpos celestes são aqueles que podem ser visíveis ao olho humano, como a Lua e o Sol.

☐ O Brasil tem planetários espalhados por seu território.

☐ Atualmente, existem diversas formas de divulgação do conhecimento científico relacionado à Astronomia.

Instrumentos para estudar o Universo

Vimos anteriormente que, ao longo da história da humanidade, foram criados instrumentos que possibilitaram o desenvolvimento da Astronomia.

Mas você sabia que alguns desses instrumentos também fazem parte da rotina de muitas pessoas? Observe alguns exemplos a seguir.

- Previsão do tempo por satélite.

Previsão do tempo apresentada por um telejornal em 2014.

Você e sua família costumam passear? E quando planejam o passeio, consultam a previsão do tempo?

_____
_____
_____
_____
_____

- Monitoramento de voo por satélite.

Torre de controle do Aeroporto de Congonhas. São Paulo, São Paulo, 2008.

Você já foi a um aeroporto? Se sim, como acha que os profissionais da torre de controle conseguem informações sobre os diferentes voos?

_____
_____
_____
_____
_____

150

Satélites artificiais

No mundo atual, os satélites artificiais são muito importantes, pois auxiliam em:

- comunicação (transmissões de televisão e de telefones celulares);
- navegação (localização e orientação de navios e aviões);

Concepção artística do satélite de telecomunicação brasileiro, o Satélite Geoestacionário de Defesa e Comunicações Estratégicas (SGDC).

Concepção artística de satélite de Sistema de Posicionamento Global (GPS, do inglês: *Global Positioning System*).

- meteorologia (informações sobre o clima, o nível de poluição do ar e do mar).

Há ainda diversos tipos de telescópio, tanto os pequenos como os grandes e potentes, que giram em torno da Terra ou viajam pelo Universo. Um exemplo desse tipo de telescópio é o Hubble.

Concepção artística do satélite meteorológico GOES-16.

As cores e as proporções entre as estruturas representadas não são as reais.

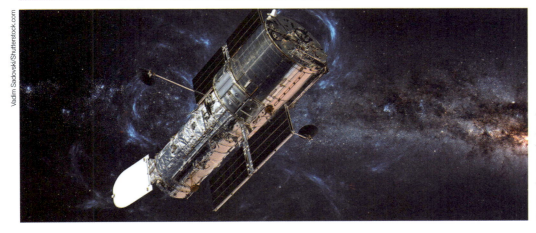

Concepção artística do telescópio Hubble na órbita do planeta Terra em 2009.

Para saber mais

Telescópio Hubble

O telescópio Hubble é um satélite artificial que foi lançado ao espaço pela Nasa (agência espacial dos EUA) em 24 de abril de 1990, a bordo do ônibus espacial Discovery. Seu nome é uma homenagem ao astrônomo Edwin Powell Hubble. O telescópio é composto de lentes capazes de registrar as imagens do espaço, e trouxe inúmeras imagens do Universo que até então não eram conhecidas, proporcionando grandes contribuições à Astronomia.

Fotografia do planeta Júpiter tirada pelo telescópio Hubble. É possível ver detalhes da superfície do planeta.

Atividade

1. Observe atentamente as ilustrações a seguir.

- Utilizando o que você aprendeu sobre Astronomia, interprete cada imagem de acordo com o desenvolvimento da Astronomia e o estudo do céu ao longo do tempo.

_____
_____
_____

Estrelas e constelações

O Sol é a estrela que aquece e ilumina a Terra.

As estrelas são corpos celestes formados por gases em uma temperatura muito alta. Elas são astros **luminosos** porque emitem luz.

As estrelas não são todas iguais. Elas têm cores e brilhos diferentes, dependendo de sua temperatura. As estrelas de cor azul, por exemplo, são as mais quentes, e as vermelhas são as mais frias. O brilho de uma estrela depende de seu tamanho e da distância a que ela se encontra da Terra.

A carta celeste é um tipo de mapa do céu noturno. Os astrônomos costumam usá-la para identificar e localizar corpos celestes, como estrelas, constelações e galáxias. Além disso, as cartas celestes são usadas para a navegação humana desde tempos antigos.

Observe a carta celeste a seguir.

Carta celeste.

A constelação é uma região definida da esfera celeste. Em cada uma há um conjunto de estrelas e objetos celestes. Em nosso país, conseguimos visualizar muitas constelações, como a do Cruzeiro do Sul, que é uma das mais conhecidas do Hemisfério Sul.

Constelação conhecida como Cruzeiro do Sul no céu (indicada pela seta vermelha).

Para saber mais

O que são estrelas cadentes?

As estrelas cadentes, que algumas vezes são observadas no céu, na verdade não são estrelas, mas sim um fenômeno ocasionado pela passagem de um cometa. Ao percorrer sua órbita no espaço, todo cometa deixa pelo caminho gás e pequenos grãos de poeira que se soltam dele. Esses fragmentos continuam espalhados ao longo da trajetória do cometa e, assim, quando a Terra cruza esse caminho, alguns desses pedacinhos caem em direção à sua superfície.

Rastro de cometa, popularmente chamado de estrela cadente, visto no céu.

Ao atravessar a atmosfera em grande velocidade, essas pedrinhas minúsculas são aquecidas pelo atrito com o ar e queimam rapidamente, brilhando no céu escuro. Esse fenômeno é chamado de estrela cadente ou meteoro.

 Giramundo

As estrelas da Bandeira Nacional

Que tal estudar um pouco mais as constelações observando e pesquisando detalhes da nossa Bandeira Nacional?

O que fazer

1. Observe atentamente a imagem do círculo central da Bandeira Nacional. Nela aparece o nome de constelações ou parte delas que estavam no céu no dia 15 de novembro de 1889.
2. Escolha duas dessas constelações e pesquise informações sobre elas em *sites* e revistas.
3. Registre as informações no quadro abaixo.

Constelação: _____	Constelação: _____

155

Atividades

1. Com base em seu conhecimento sobre os instrumentos astronômicos, escreva o tipo de instrumento não eletrônico mais usado pelas pessoas.

Localização e orientação dos navegadores à noite	
Observação dos corpos celestes	

2. Observe as cenas e ligue-as às frases a elas relacionadas.

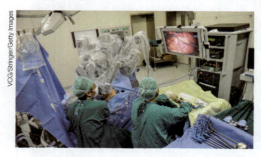

Há satélites que analisam as condições meteorológicas.

Há satélites que tornam possível que o mesmo jogo seja utilizado por duas pessoas em lugares diferentes.

Há satélites que transmitem imagens e sons quase instantaneamente.

Há satélites que possibilitam ao médico fazer uma cirurgia a longas distâncias, ajudando a salvar vidas.

O que estudamos

- O Universo é constituído por muitos elementos, como estrelas, planetas, cometas, nebulosas, asteroides, meteoroides, galáxias e buracos negros.
- Nos planetários existem instrumentos utilizados pelos astrônomos. Esses locais possibilitam a divulgação científica.
- Lunetas e telescópios são instrumentos utilizados para observar objetos no espaço.
- Os satélites artificiais são importantes no cotidiano das pessoas. Eles auxiliam na comunicação (transmissões de televisão e de telefones celulares), na navegação (localização e orientação de navios e aviões) e na meteorologia (informações sobre o clima, nível de poluição do ar e do mar).
- As estrelas são corpos celestes formados por gases em uma temperatura muito alta. Elas são astros luminosos porque emitem luz.
- Constelação é uma região do céu onde existem estrelas e outros corpos celestes.

A Via Láctea é a galáxia em que se encontra a Terra, entre outros milhões de astros.

João Prudente/Pulsar Imagens

Retomada

1. Observe as cenas a seguir e explique com suas palavras como, desde a Antiguidade, a Astronomia faz parte da vida das pessoas em cada uma delas.

_____
_____
_____
_____
_____
_____

_____
_____
_____
_____
_____
_____
_____

_____
_____
_____
_____
_____
_____
_____

158

2. Complete as frases abaixo com base em seus conhecimentos sobre a Astronomia.

a) A _____ é um instrumento que serve para a observação astronômica e pode ser utilizado para observar o céu à noite.

b) A ciência que trata do Universo e dos corpos celestes é a _____.

c) A _____ é uma esfera imaginária, no centro da qual a Terra está posicionada para facilitar o estudo da Astronomia.

3. Relacione alguns instrumentos astronômicos à sua utilidade social. Para isso, elabore uma frase que explique como os instrumentos astronômicos – por exemplo, os satélites – podem nos ajudar nas atividades abaixo.

Previsão do tempo por satélite.

Monitoramento de incêndios por satélite.

159

Periscópio

📖 Para ler

A história das estrelas, de Neal Layton. São Paulo: Companhia das Letrinhas, 2014.
Livro *pop-up* em que as crianças conhecerão a história da Astronomia, desde as antigas narrativas até as viagens espaciais recentes.

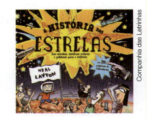

O nascimento do Universo, de Judith Nuria Maida. São Paulo: Ática, 2012.
O livro explica a origem do Universo, fato que sempre intrigou a humanidade.

▶ Para assistir

Moana: um mar de aventuras, direção de John Musker e Ron Clements, 2016.
Uma adolescente aventureira navega em uma missão ousada para salvar seu povo, os maoris. Durante a jornada, ela encontra o semideus Maui, que a ajuda a se tornar uma navegadora. Esse filme relembra a aventura dos navegadores polinésios, que se orientavam pelas estrelas.

👆 Para acessar

Ciência Hoje das Crianças: *link* do portal da revista de divulgação científica *Ciência Hoje das Crianças* que traz uma matéria sobre o telescópio espacial Hubble.
Disponível em: <http://chc.org.br/parabens-pra-voce-2>. Acesso em: 29 set. 2017.

Cuidados com o planeta: problemas e soluções

1. Leia a história em quadrinhos e responda à questão.

- Em sua opinião, qual seria um tratamento adequado para o pano sujo de óleo? Justifique.

161

Produção de resíduos

A reunião da associação de moradores da comunidade onde Luana mora com sua família estava bastante agitada. Eles estavam debatendo sobre uma maneira de arrecadar dinheiro para reformar a quadra de esportes. Cada um dava um palpite: seu Raimundo sugeriu fazer rifas, dona Marieta pensou em vender lanches.

Como na escola Luana estava estudando os diferentes destinos dados aos resíduos sólidos – latinhas, garrafas PET, vidros –, ela teve uma ideia e contou para o avô. Ele gostou da dica e pediu a palavra.

O pessoal parou de debater e ficou esperando que ele explicasse a sugestão de Luana.

GENTE, A LUANA DEU UMA IDEIA BEM INTERESSANTE PARA CONSEGUIRMOS DINHEIRO: VENDER O LIXO PRODUZIDO POR NÓS, MORADORES...

 Pense e converse

- De que forma o lixo produzido pela comunidade pode ajudar a juntar dinheiro?

Comente suas ideias com os colegas e o professor.

162

Resíduo ou lixo?

Resíduo e **lixo** são dois termos que identificam aquilo que foi descartado e não tem mais uso.

Em geral, a palavra **lixo** é associada a situações negativas. Só que nem todo material descartado pelas pessoas é algo ruim. Parte desse material pode ser **separado** e encaminhado para **reciclagem** ou ser **reutilizado**.

Com base nessa visão, definiu-se que o nome **resíduo sólido** é a forma mais adequada de se referir àquilo que foi descartado.

> **Reciclagem:** processo no qual um objeto ou produto que seria descartado é convertido em materiais ou produtos de potencial utilidade.

Garrafas plásticas e papéis sobre a grama.

- Você chamaria esse material jogado no gramado de lixo ou resíduo? Justifique.

_____

_____

_____

163

Resíduos sólidos

A imagem ao lado é um gráfico que mostra a composição dos resíduos sólidos urbanos produzidos no Brasil.

1. De acordo com ele, por que tipo de material a maior parte dos resíduos domiciliares é formada? Como você descobriu isso?

___

___

___

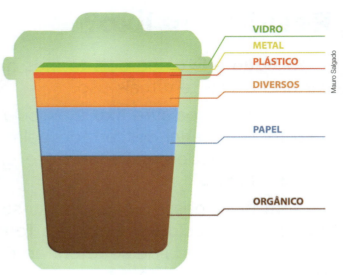

Composição do resíduo sólido urbano no Brasil.

Fonte: CEMPRE, 2013. *Review* 2013. Disponível em: <http://cempre.org.br/artigo-publicacao/artigos>. Acesso em: 18 dez. 2017.

Os resíduos chamados de **orgânicos** são aqueles formados por compostos feitos de materiais de **origem animal** ou **vegetal**. Os resíduos sólidos orgânicos são **biodegradáveis**.

2. Escreva um exemplo de resíduo orgânico.

___

___

Biodegradável: que pode ser decomposto por microrganismos.

O vidro, o plástico e o metal não são materiais orgânicos. Eles são resíduos chamados de **inorgânicos**. Muitos materiais que fazem parte da composição desses resíduos são **recicláveis**, isto é, podem ser utilizados para fabricar novos produtos ou objetos.

Atenção!

Medicamentos, pilhas e baterias não podem ter o mesmo destino que os demais resíduos. Leve-os a postos de coleta específicos.

Destinos dos resíduos sólidos

Atualmente, a quantidade de resíduos sólidos produzidos é muito grande. No Brasil, por exemplo, estima-se que em um único dia cada pessoa produza cerca de 1,1 kg de resíduos. E o que é feito com tudo isso?

Os resíduos sólidos produzidos nas cidades podem ter diferentes destinos. Veja:

Triagem e reciclagem: os materiais coletados, como plástico, papel, vidro e metal, são separados e podem ser vendidos e reciclados.

Compostagem: é feita a fabricação de adubo com a fração orgânica dos resíduos.

Exemplos de materiais que podem ser reciclados.

Exemplos de resíduos que podem ser utilizados na compostagem.

Vazadouro ou lixão: local onde os resíduos são despejados sobre o solo sem preparo algum.

Vazadouro ou lixão.

165

Aterro controlado: fase intermediária entre o lixão e o aterro sanitário; é uma área adjacente ao lixão que recebeu cobertura de argila e grama. Apesar de recircularem, os resíduos colocados também contaminam o solo.

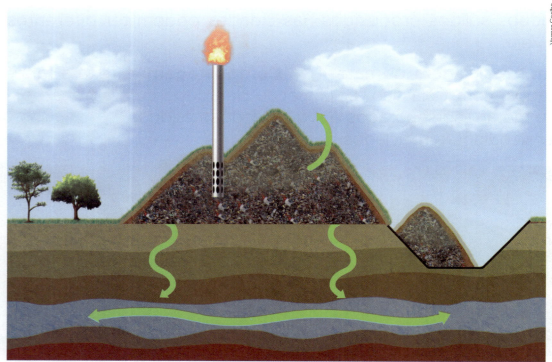

Esquema simplificado de aterro controlado.

Aterro sanitário: destino mais adequado para os rejeitos; nele, o terreno é preparado para receber os resíduos, e tudo aquilo que é produzido durante a decomposição dos materiais orgânicos também recebe tratamento.

Você sabe o que acontece com os resíduos sólidos de sua casa depois de recolhidos? Conte para os colegas e o professor.

Aterro Sanitário. São José dos Campos, São Paulo, 2016.

166

A tabela a seguir apresenta como está distribuída a destinação dos resíduos sólidos urbanos no Brasil.

Tabela de distribuição de resíduos sólidos no Brasil	
Porcentagem de resíduos	**Destino dos resíduos sólidos**
36,4	Aterro sanitário
2,9	Compostagem
2	Triagem e reciclagem
0,4	Incineração
21	Vazadouro ou lixão
37,1	Aterro controlado
0,1	Áreas alagadas

Fonte: Rede resíduos. Disponível em: <https://pt.slideshare.net/REDERESIDUO/palestra-de-resduos-slidos-urbanos>. Acesso em: 14 set. 2017.

1. Com base na tabela, preencha os espaços abaixo.

De acordo com a tabela acima, _____% dos resíduos sólidos produzidos no Brasil são destinados para lixões e aterros controlados. Isso representa mais da _____ de todo o resíduo produzido no país. Nesses locais, como não é feito um preparo anterior do solo, os depósitos de resíduos podem poluir o ambiente.

Junte-se a um colega e, com base nos dados fornecidos pela tabela, façam as atividades a seguir.

2. O que vocês sugeririam para aumentar a quantidade de resíduos que vão para a triagem e reciclagem?
_____
_____

3. Pesquise na internet que tipo de resíduo deve ser incinerado e por que não se deve fazer isso com todo o resíduo produzido.
_____
_____

167

Leia o texto a seguir.

Lei de sacolas plásticas pode se expandir pelo país

As tradicionais sacolas de plástico brancas, distribuídas nos supermercados pelo Brasil, agora são proibidas por lei em São Paulo. As novas sacolas, que começaram a ser distribuídas [...], foram inspiradas em padrões internacionais e podem ser replicadas em outras localidades do país.

[...] Estudiosos concordam que a proibição das sacolas é uma tendência nacional e internacional.

[...] Mas a sustentabilidade tem um preço. [...] a nova sacola pode chegar a ser três vezes mais cara do que a tradicional.

[...] O novo padrão de embalagem é cerca de 40% maior do que a sacola anterior, além de mais resistente, permitindo um melhor aproveitamento do material.

[...] A prefeitura também pretende que as novas sacolas ajudem na coleta seletiva. Por isso, elas contêm instruções de descarte e são produzidas apenas nas cores verde e cinza. A primeira deverá ser reutilizada para lixo seco e reciclável, e a segunda, para resíduos orgânicos ou não recicláveis.

[...]

A sacola verde só pode ser utilizada para materiais recicláveis. A sacola cinza é para o material orgânico, que não pode ser reciclado.

Marina Estarque. Lei de sacolas plásticas pode se expandir pelo país. *Carta Capital*, 20 abr. 2015. Disponível em: <www.cartacapital.com.br/sustentabilidade/lei-de-sacolas-plasticas-de-sp-pode-se-expandir-pelo-pais-657.html>. Acesso em: 14 set. 2017.

Observe imagens de alguns materiais que costumam ser descartados pelas pessoas.

Fralda descartável usada.

Latas fechadas de ferro.

Caixa de papelão.

Garrafas de vidro.

Lata de alumínio.

Embalagens longa-vida.

Lata de ferro aberta.

Lixo comum sem separação adequada.

1. Com base no texto sobre a lei das sacolas plásticas que você leu na página anterior, faça as atividades.

   a) Circule o grupo de resíduos sólidos que você colocaria em sacolas verdes.

   b) Faça um **X** no grupo de resíduos que você colocaria em sacolas cinzas.

   c) Justifique suas respostas.

   _____
   _____
   _____
   _____

   d) Alguns dos elementos colocados em sacolas cinzas poderiam ser mandados para a **reciclagem**? Explique sua resposta.

   _____
   _____

169

Poluição causada pelo descarte inadequado dos resíduos

De acordo com os dados da tabela de distribuição de resíduos sólidos no Brasil (ver página 167), 58,1% são destinados para lixões e aterros controlados. Isso representa mais da metade de todo o resíduo produzido no país. Nesses locais, como não é feito um preparo anterior do solo, os depósitos de resíduos podem poluir o ambiente.

O chorume é um dos problemas dos vazadouros (lixões). Belmonte, Bahia, 2016.

Um dos problemas relacionados aos lixões e aterros controlados é o **chorume**, que pode contaminar o solo. O chorume é uma substância tóxica produzida durante a decomposição de resíduos sólidos orgânicos.

Você viu que, em média, cada brasileiro produz mais de 1 kg de resíduo em um único dia. Uma mudança de hábitos pode diminuir esse número. A separação dos resíduos é um exemplo de atitude que pode reduzir a quantidade de resíduos.

Para evitar o acúmulo de resíduos nos vazadouros (lixões), parte deles deve ser separada e encaminhada para um destino mais adequado. Rio de Janeiro, Rio de Janeiro, 2017.

Coleta seletiva

- Você já viu recipientes como estes? Sabe para que servem? Converse com os colegas e o professor.

Para a utilização ou venda do material que forma os resíduos sólidos, é fundamental que eles sejam **separados** e descartados de maneira adequada. Nas residências, uma forma bastante interessante de fazer isso é separar os lixos úmidos dos secos em recipientes diferentes. Você pode, por exemplo, usar sacolas plásticas nas cores verde e cinza, assim como sugere a lei em vigor em São Paulo.

Em espaços públicos, são disponibilizados recipientes apropriados, como os mostrados na fotografia acima. Quando eles estão cheios, o responsável, que pode ser uma **cooperativa**, coleta o material e o encaminha para o local adequado.

Centro de triagem de resíduos sólidos reaproveitáveis ou recicláveis. São Paulo, São Paulo, 2016.

A coleta dos resíduos que foram separados de acordo com suas características é chamada de **coleta seletiva**.

Depois o material é encaminhado para os centros de triagem, onde é separado e mandado para diferentes destinos.

Há também empresas que compram determinados materiais, como alumínio e plástico, e os revendem para as indústrias que os utilizam para fabricar novas embalagens de alumínio e de plástico.

> **Cooperativa:** organização de membros de alguma área ou atividade econômica ou social que realizam atividades para benefício comum.

171

Você e... OS RESÍDUOS SÓLIDOS

- Qual é o destino dado aos resíduos sólidos em sua casa? Vocês costumam separar os resíduos recicláveis (secos) dos não recicláveis (úmidos)? Se não separam os resíduos, de que forma os descartam?

_____
_____
_____

- Como os resíduos sólidos são retirados do local onde você mora? Quantas vezes por semana?

_____
_____
_____

Atividade

1. A partir do que você estudou, faça uma lista dos benefícios alcançados com a separação dos resíduos sólidos. Quando terminar, compartilhe suas ideias com a turma e o professor.

_____
_____
_____
_____
_____
_____

Para saber mais

Novos tipos de moradia

Você sabia que é possível fazer casas usando garrafas PET? Por meio do conhecimento técnico de profissionais já experientes, algumas famílias já têm encontrado uma nova solução de moradia. Leia o texto a seguir.

As garrafas PET são práticas, mas representam uma ameaça ambiental se não forem descartadas adequadamente.

O polietileno tereftalato [PET] pode levar séculos (estimado 400 anos) para se decompor na natureza.

A criatividade permite saídas interessantíssimas para resolver esse impasse ambiental.

Habitação construída com garrafas plásticas (PET).

As PETs podem ser recicladas e aplicadas em diferentes fabricações: cadeiras, tijolos, blocos, tapetes, linhas, camisetas, agasalhos, cordas, vassouras, escovas de dente e até travesseiros.

Sempre que uma nova utilidade aparece, a natureza fica agradecida. No Brasil um sonho é ter a casa própria e, se optar por fazer de PET, será uma excelente escolha, uma vez que, após conseguir-se um terreno, o custo do material de construção pode inviabilizar o sonho.

Tudo começou na Índia no ano de 2000. E a ideia se espalhou pela América Latina e em 2011 chegou a Nigéria para ajudar a resolver dois problemas: o déficit habitacional e as inúmeras garrafas descartadas nas ruas de maneira inadequada.

Fonte: Arquitetura viva. Casas feitas de garrafa PET de forma bem sustentável. Disponível em: <www.arquiteturavivabr.com.br/casas-feitas-de-garrafas-pet/>. Acesso em: 18 dez. 2017.

• Qual é a vantagem em utilizar materiais recicláveis em construções, por exemplo?

_____
_____

Outros problemas que prejudicam o solo

Você já estudou que o descarte inadequado dos resíduos sólidos prejudica o solo. Há outras ações humanas que também podem interferir negativamente nele.

As imagens não estão representadas na mesma proporção.

1. Observe as imagens e responda às questões propostas.

Amazônia. Novo Progresso, Pará, 2016.

Cerrado. Alto Paraíso de Goiás, Goiás, 2016.

a) O que está sendo feito na fotografia **A**? Para quê?

_____

_____

b) E na fotografia **B**? Para quê?

_____

_____

2. Em dias de chuva muito forte, o que pode acontecer com esses terrenos, se eles estiverem localizados em área **íngreme**? Justifique sua resposta.

íngreme: muito inclinado em relação à horizontal.

_____

_____

174

Ao fazer queimadas, os agricultores conseguem preparar o terreno de forma rápida para substituir as antigas plantações por outras. Mas esse procedimento pode ter muitas consequências negativas, como a exposição do solo e a morte de seres vivos.

Ao ser retirada a cobertura vegetal pelas queimadas ou por desmatamento, o solo fica exposto ao vento e às chuvas, o que pode causar a **erosão**.

> **Erosão:** processo de desgaste de certos tipos de solo pelo transporte e deposição de partículas em decomposição pelas águas, ventos ou geleiras.

Erosão do solo. Cavalcante, Goiás, 2015.

A erosão também pode atingir a mata ciliar, que é vegetação localizada nas margens dos córregos, lagos, represas e nascentes.

Sem a mata da margem ocorre o **assoreamento**, processo em que o solo é arrastado para dentro do rio, tornando-o barrento e dificultando a entrada da luz do Sol, o que pode dificultar a vida dos seres que habitam o rio.

Além disso, a vegetação reduz o impacto da água da chuva sobre o solo. Se for retirada, a água da chuva escoa sobre a superfície, impedindo sua infiltração e armazenamento no lençol freático. Com isso, reduzem-se as nascentes, os córregos, os rios e os riachos.

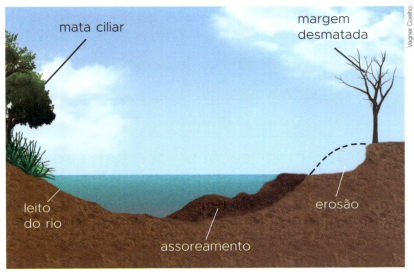

Esquema simplificado de processo de assoreamento fluvial por erosão após remoção da mata ciliar.

175

Atividades

1. Observe atentamente o cartaz de uma campanha para incentivar cuidados na hora de descartar os resíduos sólidos:

Agora responda às questões.

a) Que lado do cartaz mostra as atitudes certas? Que lado mostra as atitudes erradas?

_____
_____

b) O que o vasilhame marrom representa? E o verde?

_____
_____
_____

c) Que modificações você percebe entre os vasilhames do lado esquerdo e do lado direito do cartaz? Explique sua resposta.

_____
_____
_____

d) O que a frase "É tênue a linha que separa o certo do errado" quer informar?

_____
_____
_____
_____

2. O problema com a retirada da cobertura vegetal das margens dos cursos de água é tão intenso, que o governo faz cartazes para que a população conheça as consequências do desmatamento sem controle.

Ao observar este cartaz, que argumentos você usaria para explicar a alguém os riscos de retirar a cobertura vegetal?

_____
_____
_____
_____

Quando terminar, compartilhe suas ideias com a turma e o professor.

Resíduos líquidos

O **esgoto** é um resíduo líquido que contamina o ambiente. Esse material nada mais é do que a água que escoa pelo ralo da pia, do banheiro ou pela descarga do vaso sanitário, ou seja, a água que é utilizada pelas pessoas em atividades do dia a dia. Assim, detergentes, sabões, gordura, fezes e urina fazem parte do esgoto. Para não poluir a água, esse material deve ser recolhido pela **rede de esgoto** e levado a uma **estação de tratamento de esgoto (ETE)**. Depois de tratada, essa água pode ser lançada novamente no ambiente. Veja:

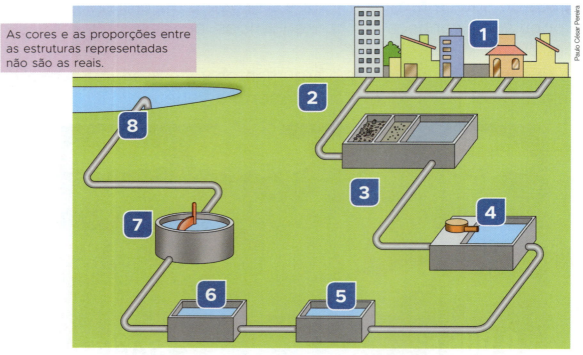

As cores e as proporções entre as estruturas representadas não são as reais.

Esquema simplificado do processo de coleta e tratamento da fase líquida do esgoto doméstico.

Fonte: Sabesp. Disponível em: <http://site.sabesp.com.br/uploads/file/asabesp_doctos/Tratamento_Esgoto_Liquido_impressao.pdf>. Acesso em: 15 dez. 2017.

1. O esgoto é produzido por diversas atividades humanas.
2. É, então, coletado e encaminhado pela rede de esgoto até uma ETE.
3. Inicialmente, o esgoto passa por grades que retêm objetos, como plásticos e tampinhas.
4. Em seguida, passa pela caixa de areia, onde são retidos a areia e outros resíduos menores.
5. Nesse tanque, as partículas mais pesadas vão para o fundo.
6. Nesse outro tanque, microrganismos se alimentam do material orgânico, formando o lodo. O lodo é retirado e tratado para servir de adubo.
7. Nesse tanque, é feita a deposição do restante da parte sólida.
8. A parte líquida já está sem 90% das impurezas, mas não é potável. Pode ser novamente lançada no ambiente ou reaproveitada para limpar ruas, praças e regar jardins.

Algumas doenças transmitidas pela água contaminada

Caso o esgoto seja lançado diretamente no ambiente, pode contaminar a água. Mas o problema não acaba aí. Se as pessoas consumirem essa água contaminada, poderão contrair algumas doenças. A cólera, a amebíase, a esquistossomose e a leptospirose são alguns exemplos.

A cólera e a amebíase são transmitidas diretamente pela água contaminada, mas também por alimentos que tenham sido lavados com essa água. O ciclo dessas doenças é semelhante; em ambos, o agente causador é lançado no ambiente pelas fezes do doente e chega a outras pessoas pela água contaminada. Observe o esquema:

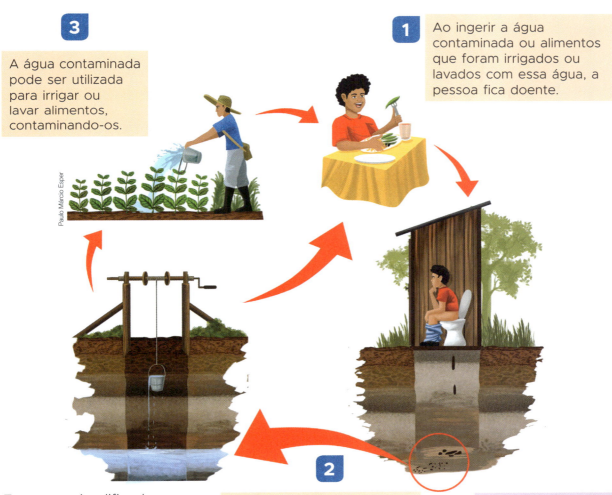

3 A água contaminada pode ser utilizada para irrigar ou lavar alimentos, contaminando-os.

1 Ao ingerir a água contaminada ou alimentos que foram irrigados ou lavados com essa água, a pessoa fica doente.

2 Se não houver rede de coleta de esgoto, as fezes da pessoa são lançadas ao ambiente sem tratamento, podendo contaminar a água.

Esquema simplificado e genérico de contaminação de pessoas por doenças veiculadas pela água.

As cores e as proporções entre as estruturas representadas não são as reais.

179

A esquistossomose é outra doença que se propaga devido à falta de saneamento básico. Os principais sintomas são febre, tosse, dores musculares, dor na barriga e diarreia.

Essa doença também é conhecida como barriga-d'água, pois a barriga da pessoa infectada fica inchada.

Um tipo de caramujo é o **hospedeiro** intermediário do agente causador da doença. Observe o ciclo da esquistossomose na imagem abaixo.

Parasita: ser que vive dentro de outro ser vivo ou às custas dele.
Hospedeiro: ser vivo que abriga um ou mais parasitas.

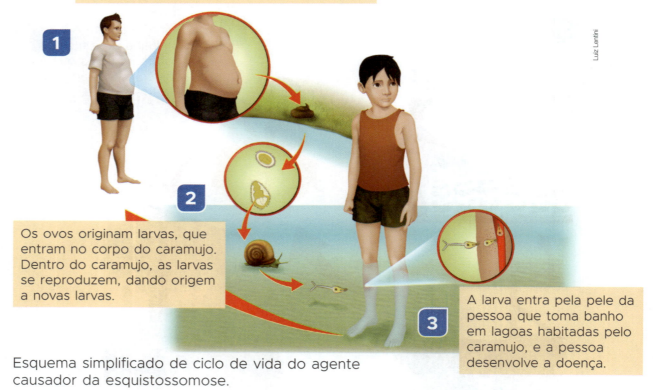

A pessoa doente libera nas fezes os ovos do **parasita**. Se não há coleta de esgoto, essas fezes acabam no ambiente, contaminando a água.

As cores e as proporções entre as estruturas representadas não são as reais.

Os ovos originam larvas, que entram no corpo do caramujo. Dentro do caramujo, as larvas se reproduzem, dando origem a novas larvas.

A larva entra pela pele da pessoa que toma banho em lagoas habitadas pelo caramujo, e a pessoa desenvolve a doença.

Esquema simplificado de ciclo de vida do agente causador da esquistossomose.

A leptospirose é causada por uma bactéria encontrada na urina de ratos. Ela é transmitida ao ser humano principalmente nas enchentes, quando há contato com água contaminada, mas também pode se espalhar em locais sem saneamento básico e em córregos a céu aberto com lixo e esgoto acumulados. Esses locais costumam atrair ratos.

Os sintomas são febre, dor de cabeça e dores pelo corpo – sobretudo nas panturrilhas (batata da perna) –, podendo também ocorrer vômitos, diarreia e tosse.

1. Qual deve ser o destino do esgoto? Por quê?

   _____

   _____

2. Ainda que o modo de transmissão seja semelhante, cólera e amebíase têm sintomas diferentes. Pesquise os sintomas dessas doenças e complete o quadro.

Doenças transmitidas diretamente pela água	Principais sintomas
Cólera	
Amebíase	

3. Pesquise as formas de prevenção dessas doenças, ou seja, o que fazer para evitá-las.

Doenças transmitidas indiretamente pela água	Como evitar
Cólera e amebíase	
Leptospirose	
Esquistossomose	

181

Resíduos gasosos

As fotografias a seguir foram tiradas de locais bem diferentes. Observe-as:

As imagens não estão representadas na mesma proporção.

Imagem de incêndio ao longo do Rio Xingu obtida por satélite. Mato Grosso, 2017.

Fumaça lançada por veículos.

1. Que componente do ambiente está sendo prejudicado por essas ações humanas?

_____

2. O ser humano pode ser afetado por esse resíduo gasoso? Explique sua resposta.

_____

_____

_____

No ar atmosférico das grandes cidades, além de gás nitrogênio, gás oxigênio e gás carbônico, é comum haver **gases poluentes**, que comprometem a qualidade do ar.

A queima de combustíveis como a gasolina e o diesel libera vários gases poluentes, entre eles, o monóxido de carbono (CO) e o dióxido de carbono (CO_2).

Se inalados em excesso, esses gases podem afetar a saúde das pessoas. As principais fontes de poluentes do ar, especialmente nas grandes cidades, são os **automóveis** e as **indústrias**.

A fumaça lançada no ar pelas chaminés das indústrias também contribui para a poluição.

No campo, as **queimadas** são as fontes de poluentes do ar. Como você estudou, fora de controle, além de poluir o ar, elas causam sérios prejuízos ao ambiente.

O material particulado produzido também polui o ar. Ele é facilmente perceptível no pó (muito mais abundante nas áreas urbanas que nas rurais) e em cidades próximas à zona onde ocorreram queimadas.

A vegetação e a vida das pessoas

A substituição de vegetação por construções impermeabiliza o solo e pode causar enchentes. Oeiras, Piauí, 2014.

A ampliação dos espaços ocupados por construções também é motivo para o desmatamento. Nesse caso, o solo não fica exposto, mas impermeável, isto é, não permite que a água penetre nele. Como consequência, dependendo da quantidade de chuva e da localização, podem ocorrer enchentes.

Outros motivos para preservar as áreas verdes referem-se ao conforto ambiental. Além de manter a temperatura mais amena, esses espaços reduzem a poluição sonora e funcionam como locais de lazer, descanso e recreação.

Pessoas em momento de lazer em local arborizado. Porto Alegre, Rio Grande do Sul, 2016.

183

Atividades

1. O que as pessoas estão fazendo em relação aos cuidados com a qualidade do ar? Escolha um adulto que tem automóvel e faça as perguntas a seguir.

   a) Você mantém o motor do carro regulado?
   ☐ Sempre.   ☐ Às vezes.   ☐ Nunca.

   b) Dirige com calma, evitando aceleradas rápidas e alta velocidade?
   ☐ Sempre.   ☐ Às vezes.   ☐ Nunca.

   c) Dá preferência ao transporte coletivo, como ônibus, metrô e trem?
   ☐ Sempre.   ☐ Às vezes.   ☐ Nunca.

   d) Não queima lixo e denuncia qualquer tipo de queimada feita em terrenos vazios?
   ☐ Sempre.   ☐ Às vezes.   ☐ Nunca.

   e) Planta árvores, porque sabe como elas beneficiam a natureza?
   ☐ Sempre.   ☐ Às vezes.   ☐ Nunca.

   f) Procura fazer caminhadas ou andar de bicicleta em vez de usar o carro?
   ☐ Sempre.   ☐ Às vezes.   ☐ Nunca.

2. Mencione duas vantagens de manter a cobertura vegetal nas cidades.

   _____
   _____
   _____
   _____
   _____

O que estudamos

- Os resíduos formados por material de origem vegetal ou animal são chamados de orgânicos e compõem a maior parte dos resíduos domiciliares.
- Os resíduos de materiais como vidro, plástico e metal são inorgânicos. Parte desses resíduos sólidos pode ser reciclada ou reaproveitada.
- No Brasil, a maior parte dos resíduos sólidos é lançada em lixões, sem preparação do solo. O chorume produzido pela decomposição de materiais orgânicos pode poluir o solo e a água de lençóis subterrâneos.
- Os destinos mais adequados para os resíduos sólidos são as usinas de reciclagem, os aterros sanitários e a compostagem.
- Para que os resíduos sólidos sejam utilizados ou vendidos, precisam ser separados. A separação do lixo começa em casa: o material reciclável deve ser separado do orgânico. Para isso, as lixeiras de coleta seletiva colocadas em espaços públicos são importantes.
- O desmatamento e as queimadas prejudicam o solo.
- O esgoto é um resíduo líquido que prejudica o ambiente. É importante que ele seja coletado e tratado. Assim, a água tratada pode ser lançada novamente no ambiente.
- Os gases poluentes lançados na atmosfera são provenientes dos escapamentos dos carros, das chaminés das indústrias e das queimadas.

Apesar de acarretar diversos problemas ambientais e de saúde pública, o vazadouro ou lixão é um destino final comum para os resíduos sólidos no Brasil. Caieiras, São Paulo, 2015.

Retomada

1. Assinale a alternativa correta.

   a) Todo resíduo sólido produzido não tem mais utilidade.

   ☐ sim ☐ não

   b) A maior parte dos resíduos domiciliares é composta de material inorgânico.

   ☐ sim ☐ não

   c) Os vidros e metais que compõem os resíduos sólidos podem ser reciclados.

   ☐ sim ☐ não

   d) Se não for feita a coleta seletiva dos resíduos sólidos, é muito difícil reaproveitar os materiais para reciclagem.

   ☐ sim ☐ não

2. Escreva o destino que deve ser dado para estes resíduos sólidos:

_____   _____

_____   _____

3. Em cada item, escreva uma frase usando as palavras dos quadros.

a) queimadas   erosão   seres vivos

_____

b) agrotóxicos   água   solo

_____

c) orgânico   resíduo   biodegradável

_____

d) vidro   metal   inorgânicos

_____

e) lixões   chorume   poluição

_____

4. Descreva os problemas ambientais de cada situação a seguir.

_____

_____

_____

187

Construir um mundo melhor

🌱 Mudando hábitos

Você e sua turma já sabem que uma das atitudes para preservar os recursos naturais é separar os resíduos em dois grupos: os secos e os úmidos. Sabem também que isso já é feito em alguns locais por determinação de órgãos públicos.

Observe o cartaz que explica a implantação do projeto que determina a separação dos resíduos em condomínios.

Lixeiras específicas para diferentes tipos de resíduos. Aeroporto Santos Dumont, Rio de Janeiro, Rio de Janeiro, 2015.

Que tal separar os resíduos produzidos na sala de aula?

O primeiro passo é fazer os dois cestos: um verde para papel, plástico, metal e vidro, e outro cinza para restos de lanche e guardanapos sujos.

Material:
- duas caixas de papelão;
- tesoura sem ponta;
- cola;
- caneta hidrográfica preta;
- folhas de papel metalizado nas cores verde e cinza.

Modo de fazer

1. Com ajuda do professor, encapem as caixas com papel metalizado, uma verde e outra cinza.

2. Escrevam o nome dos recipientes com a caneta hidrográfica: reciclável na verde e não reciclável na cinza.

3. Coloquem as caixas em um local da sala de aula para que todos possam usá-las.

4. O material da caixa cinza deverá ser recolhido diariamente. Já os resíduos da caixa verde, quando estiver cheia, o professor encaminhará para o local adequado.

Periscópio

📖 Para ler

O saci e a reciclagem do lixo, de Samuel Murgel Branco. São Paulo: Moderna, 2011.

O saci, conhecido por suas brincadeiras, ajuda a solucionar o problema da grande quantidade de resíduos produzidos pelo povo da pequena cidade de Jequitibá.

Se o lixo falasse..., de Fernando Carraro. Barueri: Editorial 25, 2011.

Nesse livro, as embalagens recicláveis alertam as pessoas sobre a importância da reciclagem de materiais.

Um urso branco em Nova York, de Jussara Braga. Ilustrações de Bruno Gomes. São Paulo: Editora do Brasil, 2014.

Ao contar sua trajetória de vida, o urso Kim tenta chamar a atenção das autoridades quanto à necessidade de preservação do planeta e de seu hábitat. As geleiras estão derretendo devido ao aquecimento global, os oceanos estão cada vez mais poluídos e Kim, com seu emocionante discurso, quer alertar o mundo todo antes que seja tarde.

▶ Para assistir

Wall-E, direção de Andrew Stanton, 2008.

No ano de 2700, a Terra estava soterrada pelo lixo produzido pela humanidade... Então os seres humanos deixaram o planeta para viver em uma grande espaçonave, enquanto robôs se encarregavam de fazer a limpeza.

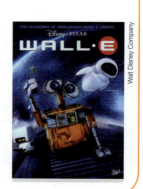

Referências

ALVAREZ, A. R.; MOTA, J. A. *Sustentabilidade ambiental no Brasil*: biodiversidade, economia e bem-estar humano. Brasília: Ipea, 2010. (Série Eixos Estratégicos do Desenvolvimento Brasileiro, 7).

ATLAS VISUAL DA CIÊNCIA. *Rochas e minerais*. Barcelona; Buenos Aires: Sol 90, 2007.

_____. *Vulcões e terremotos*. Barcelona; Buenos Aires: Sol 90, 2007.

BEGON, M.; TOWNSEND, C.; HARPER, J. *Ecologia*: de indivíduos a ecossistemas. São Paulo: Artmed, 2007.

BEI COMUNICAÇÃO. *Minerais ao alcance de todos*. São Paulo: BEI, 2004.

BIESTY, S. *Conhecer por dentro*. São Paulo: Folha de S.Paulo, 1995.

BRASIL. Instituto Brasileiro de Geografia e Estatística: IBGE. *Atlas de saneamento 2011*. Disponível em: <https://biblioteca.ibge.gov.br/index.php/biblioteca-catalogo?view=detalhes&id=253096>. Acesso em: 10 out. 2017.

BRASIL. Lei nº 12.305, de 2 de agosto de 2010. Institui a Política Nacional de Resíduos Sólidos; altera a Lei nº 9.605, de 12 de fevereiro de 1998; e dá outras providências. *Diário Oficial da República Federativa do Brasil*, Brasília, 3 ago. 2010.

_____. Ministério da Educação. *Base Nacional Comum Curricular*. 3. versão. Brasília: MEC, 2017.

_____. Ministério da Educação. Secretaria de Educação Básica. *A criança de 6 anos, a linguagem escrita e o Ensino Fundamental de nove anos*: orientações para o trabalho com a linguagem escrita em turmas de crianças de seis anos de idade. Belo Horizonte: UFMG; FAE; Ceale, 2009.

_____. Ministério da Saúde. Secretaria de Atenção à Saúde. Departamento de Atenção Básica. *Guia alimentar para a população brasileira*. 2. ed. Brasília: Ministério da Saúde, 2014.

_____. Secretaria de Educação Fundamental. *Elementos conceituais e metodológicos para definição dos direitos de aprendizagem e desenvolvimento do ciclo de alfabetização (1º, 2º e 3º anos) do Ensino Fundamental*. Brasília, 2012.

BRASIL. Secretaria de Educação Fundamental. *Ensino Fundamental de nove anos*: orientações para a inclusão da criança de seis anos de idade. 2. ed. Brasília: MEC, 2007.

_____. Secretaria de Educação Fundamental. *Parâmetros Curriculares Nacionais*: Ciências Naturais. Brasília: MEC, 1997.

BRUSCA, R. C.; BRUSCA, G. J. *Invertebrados*. Rio de Janeiro: Guanabara-Koogan, 2007.

CACHAPUZ, A. et al. (Org.). *A necessária renovação do ensino das ciências*. São Paulo: Cortez, 2011.

CAMPBELL, N. A.; TAYLOR, M. R.; REECE, J. B. *Biology: concepts & connections*. 6. ed. São Francisco: Addison Wesley, 2008.

CAMPOS, M. C. C.; NIGRO, R. *Didática de Ciências*: o ensino e aprendizagem com investigação. São Paulo: FTD, 1999.

_____. *Teoria e prática em Ciências na escola*. São Paulo: FTD, 2010.

CANTO, E. L. *Minerais, minérios, metais*: de onde vêm? Para onde vão? São Paulo: Moderna, 2004.

CARVALHO, A. M. P. de (Org.). *Ensino de Ciências*: unindo a pesquisa e a prática. São Paulo: Thomson Pioneira, 2006.

CIÊNCIA HOJE NA ESCOLA. Rio de Janeiro: Sociedade Brasileira para o Progresso da Ciência, n. 3: Corpo humano e saúde, 2006.

_____. Rio de Janeiro: Sociedade Brasileira para o Progresso da Ciência, n. 10: Geologia, 2006.

_____. Rio de Janeiro: Sociedade Brasileira para o Progresso da Ciência, n. 12: Eletricidade, 2006.

COLL, C. et al. *O construtivismo na sala de aula*. São Paulo: Ática, 2006.

COSTA, F. A. P. L. *Ecologia, evolução & o valor das pequenas coisas*. Juiz de Fora: Editora do Autor, 2003.

COSTA, Larissa; BARRÊTO, Samuel Roiphe (Coord.). *Cadernos de educação ambiental água para vida, água para todos*: livro das águas. Texto: Andrée de Ridder Vieira. Brasília: WWF Brasil, 2006. Disponível em: <https://www.wwf.org.br/informacoes/bliblioteca/index.cfm?uNewsID=2986>. Acesso em: 10 out. 2017.

COSTA, M. B. F. O. *Programa, conteúdo e métodos de ensino da disciplina Fundamentos de Física Moderna*. Coimbra, 2011. Disponível em: <https://estudogeral.sib.uc.pt/bitstream/10316/20657/1/Fundamentos%20de%20F%C3%ADsica%20Moderna.pdf>. Acesso em: 10 out. 2017.

DE BONI, L. A. B.; GOLDANI, E. *Introdução clássica à Química Geral*. Porto Alegre: Tchê Química Cons. Educ., 2007.

DELIZOICOV, D.; ANGOTTI, J. A.; PERNAMBUCO, M. *Ensino de Ciências*: fundamentos e métodos. São Paulo: Cortez, 2007.

DEVRIES, R.; KAMII, C. *O conhecimento físico na educação pré-escolar*: implicações da teoria de Piaget. Porto Alegre: Artes Médicas, 1984.

DIAS, G. F. *40 contribuições pessoais para a sustentabilidade*. São Paulo: Gaia, 2005.

DINOSSAUROS. Tradução: Marcelo Trotta. São Paulo: Ática, 2009. (Série Atlas Visuais).

EL-HANI, C. N.; VIDEIRA, A. A. P. *O que é vida? Para entender a biologia do século XXI*. Rio de Janeiro: Relume-Dumará; Faperj, 2000.

ESPINOZA, A. M. *Ciências na escola*: novas perspectivas para a formação dos alunos. São Paulo: Ática, 2010.

ESPOSITO, B. P. *Química em casa*: Projeto Ciência. 4. ed. São Paulo: Atual, 2016.

FARIA, Ivan Dutra; MONLEVADE, João Antônio Cabral. Módulo 12: higiene, segurança e educação. In: BRASIL. Ministério da Educação. Secretaria de Educação Básica. *Higiene e segurança nas escolas*. Brasília: Universidade de Brasília, 2008.

FARIA, R. P. *Fundamentos de Astronomia*. Campinas: Papirus, 2001.

GROTZINGER J.; JORDAN T. *Para entender a Terra*. 6. ed. Porto Alegre: Bookman, 2013.

GUERIN, N.; ISERNHAGEN, I. *Plantar, criar e conservar*: unindo produtividade e meio ambiente. São Paulo: Instituto Socioambiental, 2013.

HOFFMANN, J. *Avaliação, mito e desafio*: uma perspectiva construtivista. Porto Alegre: Mediação, 2011.

KRASILCHIK, M.; MARANDINO, M. *Ensino de Ciências e cidadania*. São Paulo: Moderna, 2007.

LEITE, H. F. *Energia e natureza*. São Paulo: Moderna, 1993. (Coleção Viramundo).

LIMA, V. C.; LIMA, M. R.; MELO, W. F. *O solo no meio ambiente*: abordagem para professores do Ensino Fundamental e Médio e alunos do Ensino Médio. Curitiba: Dep. de Solos e Eng. Agr., 2007.

LLOYD, C. *O que aconteceu na Terra?* Rio de Janeiro: Intrínseca, 2011.

MARGULIS, L.; SCHWARTZ, K. V. *Cinco reinos*: um guia ilustrado dos filos da vida. Rio de Janeiro: Guanabara Koogan, 2001.

NIGRO, R. G. *Ciências*: soluções para dez desafios do professor. 1º ao 3º ano do Ensino Fundamental. São Paulo: Ática, 2011.

POUGH, J. H.; JANIS C. M.; HEISER, J. B. *A vida dos vertebrados*. São Paulo: Atheneu, 2008.

QUÍMICA no dia a dia. *Ciência Hoje na Escola*, Rio de Janeiro: SBPC, v. 6, 1998.

RAVEN, P. H. *Biologia vegetal*. Rio de Janeiro: Guanabara Koogan, 2007.

RIOS, E. P. *Água, vida e energia*. São Paulo: Atual Editora, 2004. (Projeto Ciência).

RUPPERT, E. E.; FOX, R. S.; BARNES, R. D. *Zoologia dos invertebrados*. São Paulo: Roca, 2007.

SILVEIRA, Ghisleine T.; EDNIR, Madza. *Almanaque da Água*. Sabesp: [s.l.], 2008.

SOBOTTA, J. *Atlas de anatomia humana*. 23. ed. Rio de Janeiro: Guanabara Koogan, 2013.

SOCIEDADE BRASILEIRA DE ANATOMIA. *Terminologia anatômica*. Barueri: Manole, 2001.

STORER, T. I.; USINGER, R. L. *Zoologia geral*. São Paulo: Nacional, 2003.

TEIXEIRA, W. et al. *Decifrando a Terra*. São Paulo: Oficina de Textos, 2000.

TOWNSEND, C. R.; BEGON, M.; HARPER, J. L. *Fundamentos em Ecologia*. 3. ed. Porto Alegre: Artmed, 2010.

TUNDISI, H. S. F. *Usos da energia*: sistemas, fontes e alternativas do fogo aos gradientes de temperatura oceânicos. 14. ed. São Paulo: Atual Editora, 2002.

WEISSMANN, H. (Org.). *Didática das ciências naturais*: contribuição e reflexão. Porto Alegre: Artmed, 1998.

ZANELA, C. *Fisiologia humana*. Rio de Janeiro: Seses, 2015.